憧れ

SEHNSUCHT NACH Japan

LEBENSART IM LAND DER AUFGEHENDEN SONNE

arsEdition

Essen & Trinken

Kunst & Handwerk

Bewegen & Ruhen

Gesellschaft & Philosophie

Land & Landschaft

Essen & Trinken

Itadakimasu sagt man in Japan, bevor man bei Tisch den ersten Bissen nimmt. Während man sich im deutschsprachigen Raum „Guten Appetit" oder „Guten Hunger" wünscht, stellt man in Japan lieber fest: „Ich werde empfangen." Und drückt damit, wie so oft in der japanischen Sprache, wesentlich mehr aus, als es zunächst den Anschein hat. Denn **Itadakimasu** zeigt nicht nur die Bereitschaft aller Anwesenden, nun mit dem Genießen zu beginnen, sondern soll gleichzeitig auch Dank signalisieren – an den Gastgeber, den Koch und genauso an Produzenten und Lieferanten der Produkte. Und damit, nicht zuletzt, auch an Mutter Natur.

Letztere spielt in der traditionellen japanischen Küche die Hauptrolle. Denn wo sich anderswo viel um intensive Gewürze und komplexe Zubereitungstechniken dreht, gilt in Japan der Grundsatz: Das natürliche Aroma ist der Star. Dieses gilt es hervorzuheben und zu untermalen. Vielfach gelingt das mit einfachen Methoden, die sich der Prämisse „Weniger ist mehr" verschrieben haben. Eine Ausnahme bilden dabei Suppen und Brühen, die ihren intensiven Geschmack dem Einsatz verschiedener Gewürze und Aromaten verdanken. Fixstarter bei jeder Mahlzeit ist Reis. Das Grundnahrungsmittel kommt dabei in vielfältigsten Darreichungsformen daher – von körnig-gedämpft bis zu flüssig-vergoren.

Während Genuss, Tradition und Gemeinschaft beim Essen die zentralen Werte darstellen, geht es beim Teetrinken um noch mehr: Die japanische Teezeremonie erfolgt nach genau definierten und seit vielen Jahrhunderten feststehenden Regeln, die dem Zen-Buddhismus und der damit verbundenen Philosophie nahestehen. Auch ganz ohne Ritual gehören Matcha und Grüntee inzwischen aber zu den Exportschlagern aus dem Land der aufgehenden Sonne.

Suppen

Es gibt zwei Bestandteile, ohne die kaum eine traditionell japanische Mahlzeit auskommt. Der Reis ist Kulturgut mit vielfältigem Einsatzgebiet (mehr dazu auf Seite 19), und auch die Suppe ist vom japanischen Esstisch, egal zu welcher Tageszeit, nicht wegzudenken.

Während Miso-Suppe meist in einem kleinen Schälchen serviert wird, kommen für Ramen und andere Nudelsuppen große, tiefe Schalen nebst Stäbchen und runden Löffeln zum Einsatz. Miso-Suppe darf auch aus dem Schälchen getrunken werden. Genussvolles Schlürfen ist gerade beim Verspeisen von Nudelsuppen erlaubt – es wird als Kompliment an den Koch interpretiert.

Während man sich im deutschsprachigen Raum „Guten Appetit" oder „Guten Hunger" wünscht, stellt man in Japan lieber fest: „Ich werde empfangen."

DASHI

Eine der Grundlagen der japanischen Küche ist Dashi. Die klare Brühe aus wenigen Komponenten ist Basis jedes Suppengerichts und zahlreicher Saucen. Hier wie dort sorgt sie für das unvergleichliche Umami-Aroma.

Seinen Geschmack verdankt das Dashi den beiden Hauptzutaten: Bonitoflocken und Kombu. Erstere kennt man auch als *Katsuoboshi*, es handelt sich dabei um geräucherte, getrocknete und fein gehobelte Stückchen des Bonito, einer Fischart, die sowohl mit Thunfisch als auch mit Makrele verwandt ist. Die Flocken gibt es im gut sortierten Asialaden zu kaufen und sie sind im Gewürzschrank aller Freunde der japanischen Küche unverzichtbar. Kombu ist essbarer Seetang, der ebenfalls in keinem japanischen Küchenregal fehlen darf. Für die Zubereitung von Dashi wird Kombu sowohl in frischer wie auch in getrockneter Form verwendet, in Europa kommt vor allem die getrocknete Variante zum Einsatz.

Für eine vegane Dashi-Variante werden die Bonitoflocken durch getrocknete Shiitake-Pilze ersetzt; wenn es ganz besonders schnell gehen muss, hilft man sich mit fertigem Dashi-Pulver aus dem Asialaden, das wie Suppenwürze mit Wasser angerührt wird.

Dashi

ZUTATEN

500 ml Wasser
15 g Kombu (1 Streifen)
35 g Bonitoflocken (Katsuoboshi)

ZUBEREITUNG

Das Kombu mit einer Schere klein schneiden, die Stücke in einem Topf mit dem kalten Wasser bedecken und etwa 10 Minuten einweichen lassen. Dann den Topf auf den Herd stellen und langsam bis kurz vor dem Siedepunkt erhitzen – das Wasser darf nicht kochen! Die Kombu-Stücke auf diese Weise etwa eine Stunde ziehen lassen, dann aus dem Wasser schöpfen. Die Bonitoflocken einstreuen und eine weitere Stunde knapp unter dem Siedepunkt ziehen lassen. Den Topf vom Herd nehmen. Wenn die Bonitoflocken auf den Boden gesunken sind, weitere 10 Minuten ziehen lassen. Das Dashi durch ein mit Küchenpapier ausgelegtes Sieb passieren.

•••

Traditionell wird Dashi frisch zubereitet und direkt weiterverwendet. Es ist einige Tage im Kühlschrank haltbar, lässt sich aber auch portionsweise (in einem Eiswürfelbehälter) einfrieren.

MISO-SUPPE

Die Miso-Suppe ist der unbestrittene Suppen-Standard der japanischen Küche. Gegessen wird sie zu jeder Tageszeit und immer in ähnlicher Form – in der Flüssigkeit aus Dashi und Misopaste schwimmen traditionell Tofu- sowie Braunalgen-Stückchen (*Wakame*).

In Japan startet man gern mit Miso-Suppe in den Tag: Was für europäische Gaumen zunächst etwas gewöhnungsbedürftig ist, ist im Land der aufgehenden Sonne Standard. Die helle, leicht trübe Suppe kommt aber auch später am Tag auf den Tisch, sowohl als Vorspeise wie auch als Hauptmahlzeit.

In der Kulinarikgeschichte des Landes spielt Miso eine tragende Rolle, wird es doch seit weit über einem Jahrtausend für zahlreiche Gerichte verwendet. Die Herkunft der fermentierten Paste aus Soja und verschiedenen Getreidesorten ist nicht vollständig geklärt, man nimmt aber an, dass sie ihren Weg aus China nach Japan fand. Denn das Vergären von Sojabohnen und Salz war dort schon vor über 2000 Jahren Usus, später entstand aus dieser Technik die Sojasauce. Zugleich waren aber die Japaner immer schon Meister in der Herstellung diverser Würzpasten – die Entstehung der Misopaste dürfte also einer Kombination dieser beiden Techniken zu verdanken sein.

Die Herkunft der **fermentierten Paste aus Soja** und verschiedenen **Getreidesorten** ist nicht vollständig geklärt.

Zunächst war Miso der wohlhabenderen Bevölkerungsschicht vorbehalten. Vor allem die Mönche der Kamakura-Zeit vom späten 12. bis zum 14. Jahrhundert erkannten Miso aber nicht nur als nahrhaftes Lebensmittel, sondern sollen es auch dazu genutzt haben, verderbliche Produkte in der warmen Jahreszeit zu konservieren. So kam Miso dann auch in den ärmeren Schichten an, denn tatsächlich enthält die Paste große Mengen an Eiweiß, verschiedenen Vitaminen und anderen wichtigen Nährstoffen. Ein Grund, warum auch die Samurai große Anhänger von Miso gewesen sein und es auf Reisen mit sich geführt haben sollen.

Die traditionelle Art, Miso herzustellen, wird heute nur noch selten angewandt. Dabei werden gedämpfte Sojabohnen zusammen mit gedämpftem Reis oder Gerste in einem großen Holzbottich vermischt und mit einem Schimmelpilz versetzt – übrigens derselbe, der auch bei Sojasauce und Sake zum Einsatz kommt. In den dann mit kunstvoll aufgetürmten Steinen beschwerten Bottichen gärt die Mischung vor sich hin, bis sie später gesalzen und erneut mit Soja und Getreide vermischt wird. Die Reifung dauert einige Monate, mitunter sogar Jahre, der Zeitraum wirkt sich entscheidend auf den Geschmack der Paste aus: je länger die Reifung, desto intensiver der Geschmack.

Heute ist Miso in zahlreichen Varianten erhältlich – von hell bis dunkel, mild bis kräftig, salzig bis leicht süßlich. Köche vergleichen sein Einsatzgebiet gern mit dem brauner Butter in der französischen oder Parmesan in der italienischen Küche: Die meisten Gerichte schmecken nicht auffällig nach Miso, es sorgt stattdessen für tiefe Umami-Aromen.

RAMEN

Es ist noch nicht lange her, da kannte man Ramen in Japan als Arme-Leute-Essen – und außerhalb davon gar nicht. Heute gehört die Nudelsuppe zu den beliebtesten Street-Food-Klassikern des Landes und ist längst auch in Europa an beinah jeder Ecke zu bekommen.

Der Name Ramen stammt ursprünglich vom chinesischen *la-mian* für gezogene Nudeln. Als Mitte des 19. Jahrhunderts mehr und mehr chinesische Einwanderer nach Japan kamen, brachten sie auch ihre Essgewohnheiten und klassischen Gerichte mit. Darunter befand sich auch die Nudelsuppe, die traditionell als Beilage verzehrt wurde. Schnell entdeckten aber besonders Arbeiter, später auch Studenten, das stärkende und dabei preisgünstige Essen für sich, und so fand es nach und nach seinen Weg in die Küchen des Landes.

Einen weiteren Boom verdankte das Gericht dann einem Mitte des 20. Jahrhunderts hartnäckig gestreuten Gerücht: Während der amerikanischen Besatzung wurden aus den USA große Mengen Mehl nach Fernost geschickt und dort billig verkauft. Weizenmehl sei gesund, behauptete man, viel gesünder als Reis, und so hielten die Nudeln endgültig Einzug in die japanische Alltagsküche.

Heute soll es in Japan rund 20000 Ramen-Lokale geben, die sich in ihrer Form mitunter deutlich unterscheiden. In Tokio, Schätzungen zufolge allein Herberge für bis zu 5000 Nudelsuppen-Etablissements, überwiegen *ramen-ya*, die klassischen Restaurants ähneln. Erhältlich ist die Suppe aber auch in den winzigen Stehimbissen und mobilen Garküchen des Landes. Viele von ihnen rühmen sich mit ihrem eigenen Geheimrezept, nach dem Brühe und Nudeln zubereitet werden. Gemein ist allen aber der grundsätzliche Aufbau des Gerichts, das sich aus vier Komponenten zusammensetzt: Basis jeder Schüssel Ramen ist die Brühe aus Schwein oder Huhn, Schweineknochen und -knorpeln sowie Gemüse und Dashi. Seinen intensiven Geschmack erhält das Gericht aber vor allem durch die *Tare*, eine separat eingekochte Würzsauce. Sie verleiht nicht nur Aroma, sondern gibt den verschiedenen Ramen-Arten auch ihren Namen und ist oft regional geprägt.

Auf die *frisch und bissfest* gekochten Nudeln kommen die *Beilagen oder Toppings,* und dabei sind der *Fantasie kaum Grenzen gesetzt.*

Shoyu-Ramen werden mit einer *Tare* auf Basis japanischer Sojasauce gewürzt. Die sorgt zusätzlich für die bräunliche Färbung der klaren Suppe. Shoyu ist die typische Tokioter Ramen-Art, sie soll in ihrer heutigen Form einst im allerersten Ramen-Lokal der Stadt erfunden worden sein.

Shio-Ramen basieren dem Namen nach auf Salz (*Shio*). Die helle, klare Brühe wird heute stattdessen aber vielfach mit Meeresaromen hergestellt, dazu werden Algen oder (getrocknete) Meeresfrüchte gekocht.

Miso-Ramen kocht man vor allem im Norden des Landes, die *Tare* besteht vor allem aus klassischer Misopaste aus fermentierten Sojabohnen. Da auch die Paste selbst große regionale Unterschiede aufweist, kommt auch die *Tare* in vielfältiger Form in die Schüssel.

Tonkotsu-Ramen haben ihren Ursprung auf der südliche gelegenen Insel Kyūshū und unterscheiden sich von ihren Artgenossen, denn in diesem Fall kommt der Geschmack aus der Brühe selbst. Sie entsteht durch das besonders lange Kochen von Schweineknochen (*Tonkotsu*) und -knorpeln. Die Brühe ist deshalb intensiver, aber auch fetthaltiger und leicht trübe.

„Zusammengebaut" wird ein vollständiges Ramengericht aus vier Einzelteilen. Auf die *Tare* folgen die Nudeln – ein Ramen-Produzent, der etwas auf sich hält, stellt sie nach der traditionellen Methode täglich frisch mit der Hand her, indem ein Teigring immer wieder auseinandergezogen und eingeschlagen wird. Der Teig selbst besteht aus Weizenmehl, Wasser, Salz – und *Kansui*, einer Salzlauge, die Farbe und Geschmack gibt.

Auf die frisch und bissfest gekochten Nudeln kommen dann die Beilagen oder Toppings, und dabei sind der Fantasie kaum Grenzen gesetzt. Besonders klassisch sind weich gekochte Soja-Eier, *Chashu*, also fein geschnittene Scheiben gerollter Schweinebauch, Nori oder Wakame sowie diverse Gemüsesorten wie Pak Choi oder Pilze.

Shoyu-Ramen

TARE

15 g Ingwer
150 ml süße Sojasauce
150 ml japanische Sojasauce
2 EL Mirin

SOJA-EIER

4 Eier
100 ml japanische Sojasauce
100 ml Mirin
100 ml Dashi

BRÜHE

1 kg Hühnerflügel
1 l Wasser
1 Lauchstange
2 Karotten
1 Zwiebel
200 ml Dashi
etwas Ingwer

RAMEN

200 g Ramen-Nudeln
8 frische Shiitakepilze
1 Pak Choi
gerösteter Sesam
1 Frühlingszwiebel
Chashu nach Belieben

ZUBEREITUNG

Für die Tare den Ingwer schälen und fein reiben. Dann mit den Sojasaucen und dem Mirin verrühren und die Mischung aufkochen. Etwas einköcheln lassen und beiseitestellen.

Für die Soja-Eier die Eier auf einer Seite vorsichtig anstechen und je nach Größe etwa 7 Minuten kochen, der Dotter sollte noch wachsweich sein, kann aber nach Geschmack auch hart gekocht werden. Die gekochten Eier in kaltem Wasser abschrecken und pellen. Sojasauce, Mirin und Dashi in einem hohen Gefäß vermischen, die gepellten Eier einlegen und mindestens 2 bis 3 Stunden marinieren lassen – je länger, desto kräftiger schmecken sie.

Für die Brühe die Hühnerflügel gut waschen und in einen Topf geben. Mit dem kalten Wasser bedecken und aufkochen. 1 Stunde kochen lassen, dann die Hitze reduzieren und das klein geschnittene Gemüse und den Ingwer hinzufügen. 30 Minuten ziehen lassen, dann abseihen und das Dashi hinzufügen.

Die Ramen-Nudeln laut Packungsanweisung kochen, die Shiitakepilze auf beiden Seiten kurz und kräftig in etwas Öl anbraten, den Pak Choi kurz blanchieren.

Etwas Tare in eine Schüssel füllen, die gekochten Nudeln daraufgeben und mit der Brühe übergießen. Darauf die halbierten Eier, die gerösteten Pilze und den Pak Choi anrichten, nach Belieben Chashu oder anderes Fleisch hinzufügen. Zum Schluss mit fein geschnittenen Frühlingszwiebeln und geröstetem Sesam bestreuen.

Reis

Er gehört zu den wichtigsten Nahrungsmitteln der Welt und teilt sich mit dem Weizen den Spitzenplatz jener Pflanzen, die am häufigsten für den menschlichen Verzehr angebaut werden. Im asiatischen Raum ist er außerdem Kulturgut, Anhaltspunkt für historische Untersuchungen und kulinarisches Multitalent: Dass Reis oft den Beinamen „weißes Gold“ trägt, belegt seinen Wert und seine Bedeutung für die Menschen. Von Esstischen im asiatischen Raum ist er nicht wegzudenken, in manchen dieser Länder macht er bis zu 80 Prozent der Nahrung der Menschen aus. Tatsächlich ist der Reis hier, anders als in Europa, viel mehr als eine Beilage.

Auch in Japan basieren viele traditionelle und auch modernere Speisen auf Reis in verschiedensten Formen: von Sushi über Mochi bis zum Sake. Das zeigt sich bereits in der Sprache: Das japanische Wort *Gohan* bedeutet nicht nur „Reis“, sondern auch „Mahlzeit“ oder „Essen“, die japanischen Wörter für die Mahlzeiten des Tages heißen also genau übersetzt auch Morgenreis (*Asagohan*), Mittagsreis (*Hirugohan*) und Abendreis (*Bangohan*).

Die Reispflanze, die wir heute kennen, ist die zweitälteste kultivierte Getreidepflanze überhaupt: Vor bis zu 10000 Jahren baute man in China zum ersten Mal Reis für die Herstellung von Nahrung an. Schon damals entstand die Pflanze, die wir heute kennen. Sie gehört zur biologischen Gattung *Oryza* und ist damit wie viele andere bekannte Getreide- und Nutzpflanzen, wie Roggen, Weizen oder Gerste, ein Süßgras. Archäologische Funde legen nahe, dass die neu entdeckte Pflanze dann von China ihren Weg Richtung Indien und Südostasien nahm, auch dort wurde bereits vor Tausenden von Jahren Reis angebaut – und das wird er bis heute. Als größter Reisproduzent der Welt produziert China derzeit rund 210 Millionen Tonnen pro Jahr, in Indien sind es fast 200 Millionen Tonnen. Nur ein Bruchteil dieser Menge wird exportiert – die asiatischen Länder produzieren ihre Reismengen also in erster Linie für den Eigenbedarf.

Nach Japan kam der Reis erst einige Jahrtausende später, vermutlich über Korea. Man dürfte etwa um 500 vor Christus mit dem Anbau begonnen haben. Heute gehört Japan im Verhältnis zu den kleinen Produzenten: Rund 10 Millionen Tonnen sind es pro Jahr, und auch hier wird fast die gesamte Menge im Land verzehrt. Obwohl der Reiskonsum seit Jahren stetig zurückgeht, isst jeder Japaner im Schnitt 60 Kilo Reis pro Jahr – Bestseller sind die Rundkornsorte *Japonica* sowie der sehr stärkehaltige und dadurch recht klebrige *Mochigome*. Und auch abseits der Küche kommt der Reis hier in verschiedener Ausprägung zum Einsatz: Tatami-Matten, die in japanischen Häusern als weicher Bodenbelag genutzt werden, bestehen aus Reisstroh; in der traditionellen Kimono-Herstellung werden die Stoffe mit einer Reispaste gefärbt.

> **Reis gehört** neben Weizen, Zuckerrohr und Mais zu den **vier weltweit** am meisten angebauten **Nutzpflanzen.**

Zusätzlich hat der Reis in Japan nicht nur ganz praktische, sondern auch spirituelle Bedeutung. Schließlich sind gemäß dem Shintoismus, der zweiten wichtigen Glaubensrichtung im Land neben dem Buddhismus, alle Gegenstände und Pflanzen beseelt. So auch der Reis, in seinem Inneren sollen sich gar sieben Gottheiten befinden.

DIE REIS-REISE: AM FELD

Jahrtausende der Kultivierung und Weiterentwicklung haben dazu geführt, dass es heute unzählige verschiedene Reissorten gibt – einige Tausend sind es, die sich in ihrem Endprodukt mehr oder weniger deutlich unterscheiden: Form und Farbe der Reiskörner geben Aufschluss über die Sorte. Fast alle stammen aber von derselben Reispflanze ab und gehören zur Gattung *Oryza sativa*. Landwirte unterscheiden zwei wichtige Arten: Nass- und Trockenreis. Diese Bezeichnungen haben mit dem Anbau zu tun, der entweder in „überfluteten“ Feldern oder auf trockenem Boden erfolgt.

Wer an Reisanbau denkt, hat fast unweigerlich die bekannten Bilder malerischer Reisterrassen vor Augen: Auf einem Hang oder Hügel gedeihen die sattgrünen Pflanzen auf stufenförmig angelegten Flächen im Wasser stehend. Es handelt sich dabei um die älteste und bis heute meistgenutzte Anbauform von Reis, deren Vorteile sich bei genauem Hinsehen von selbst erschließen: Der stufenförmige Aufbau der Felder ermöglicht die Landwirtschaft auf sonst schwer nutzbaren Flächen in Hang- oder Hügellage, das benötigte Wasser kann verhältnismäßig einfach zu- und wieder abfließen. Auch der große Nachteil der Reisterrassen hat aber mit ihrer Beschaffenheit zu tun: Mit großen Maschinen kann hier nicht gearbeitet werden, Nassreisanbau auf Reisterrassen ist deshalb bis heute von Handarbeit abhängig.

Die in Japan angebauten Reissorten sind **weniger kälteempfindlich** als jene in anderen Ländern.

Meist werden die Pflanzen auf anderen Feldern vorgezogen – die Samen dürfen also aufkeimen und austreiben, bevor sie umgepflanzt werden. Dazu müssen die Felder zunächst gefurcht werden, was in Asien bis heute oft mithilfe von Pflügen, die von Wasserbüffeln gezogenen werden, geschieht. Dann werden die kleinen Sämlinge in den trockenen Boden gebracht, der daraufhin unter Wasser gesetzt wird. In regenreichen Gebieten übernimmt diese Arbeit Mutter Natur, vielfach wird das Wasser auch mithilfe verzweigter, Aquädukt-ähnlicher Konstruktionen aus Bambusrohr auf die Felder oder Terrassen geleitet. Dass die kleinen Reispflanzen nicht ertrinken, verdanken sie ihrem durch Jahrtausende der Kultivierung perfekt an die Bedingungen angepassten Gewebe, das wirkt wie ein Schnorchel und Sauerstoff zu den Wurzeln transportiert. Der Wuchs unter Wasser hat außerdem einen entscheidenden Vorteil: Die Reispflanzen ertrinken nicht, wohl aber Unkraut sowie alle Schädlinge, die ihnen etwas anhaben könnten. Der Wasserstand auf den Reisfeldern unterliegt dabei genauer Beobachtung, damit sich weder Algen bilden noch die Pflanzen vertrocknen oder zu tief im Wasser stehen.

Je nach Sorte gedeiht die Pflanze nun für rund sechs Monate und wird dabei zwischen 0,5 und 1,5 Meter hoch. In den Rispen bilden sich dabei die Reiskörner, unter idealen Bedingungen können das bis zu 3000 pro Pflanze sein.

DIE REIS-REISE: DIE ERNTE

Nach drei bis sechs Monaten – je nach Sorte – ist der Reis bereit für die Ernte. Der Zeitpunkt will sorgfältig gewählt sein, um den Ertrag zu maximieren: Erntet man zu früh, sind die Körner noch unreif, brechen später leicht oder lassen sich nur schwer weiterverarbeiten. Wird zu lange zugewartet, fallen die Reiskörner schon vor der Ernte aus der Rispe.

Einige Wochen vor der Ernte muss zunächst das Wasser von den Feldern abgelassen werden. Boden sowie Pflanzen trocknen nun aus, damit die Felder bestellt werden können. In kleineren Landwirtschaften erfolgt die Ernte per Hand, auf größeren Feldern kommen Maschinen zum Einsatz. Besonders Japan hat sich dabei in den vergangenen Jahren durch spezielle kleine und wendige Mähdrescher hervorgetan, die die schwere Erntearbeit erleichtern. Wird per Hand geerntet, werden die Gräser mit Sicheln abgeschnitten, in Garben gebündelt und dann zum Dreschen gebracht.

Die gedroschenen Reiskörner müssen daraufhin erneut trocknen, denn lagerfähig ist Reis nur mit einem geringen Wasseranteil von rund 14 Prozent. Auch hier unterscheiden sich große und kleine Landwirtschaften deutlich: Während Bauern ihren Reis auf Matten in der Sonne trocknen lassen, nutzen Großproduzenten mechanische Verfahren.

Damit dieser Rohreis genießbar wird, müssen nun die sogenannten Spelzen entfernt werden – diese harten Hüllen umschließen das Reiskorn. Das Ergebnis dieses Vorgangs ist der braune Reis oder Naturreis. Um weißen Reis zu erhalten, braucht es einen weiteren Arbeitsschritt: Das Silberhäutchen, das das Korn umschließt, sowie der Keimling werden durch Schleifen und Polieren entfernt. Am Ende hat der Reis eine makellos weiße Farbe – aber auch viel von seinen Nährstoffen eingebüßt. Je nach Verwendungszweck werden die Körner nun entweder verpackt oder zu Reismehl vermahlen.

Die in Europa als „Wildreis" bekannten dunklen Reiskörner gehören nicht zur biologischen Gattung Reis, sondern zum mit ihm verwandten Wasserreis.

DIE REIS-REISE: IN DER KÜCHE

Reiskochen mag zwar keine Wissenschaft sein, ganz so einfach, wie viele denken, ist es aber auch nicht. Zumindest dann nicht, wenn man ein perfektes Ergebnis wünscht, das sowohl der Reissorte wie auch der Serviermethode angepasst ist. Am Anfang steht dabei meist ein ausgiebiges Bad – zumindest dann, wenn der Reis später für Sushi oder als Beilage verwendet werden und nach dem Kochen körnig bleiben soll. Der Reis wird dazu mit kaltem Wasser bedeckt, mit den Händen ein wenig durchgerührt und dann abgegossen. Diesen Vorgang wiederholt man mehrere Male, bis das Wasser deutlich klarer ist und ein großer Teil der Stärke ausgewaschen wurde.

In asiatischen Ländern, ganz besonders in Japan, gehört der Reiskocher zur Grundausstattung vieler Haushalte, und tatsächlich sorgen die Küchengeräte für perfekt gegarten Reis. Im Topf gelingt der Reis am besten, wenn man sich an den Angaben auf der Verpackung für die jeweilige Reissorte orientiert. Jeder Koch hat seine eigenen bevorzugten Tricks und Tipps auf dem Weg zum perfekten Reis, als Faustregel gilt aber: Die 1,3-fache Menge Flüssigkeit und ein geschlossener Deckel sorgen für leicht bissfesten, körnigen, luftigen Sushi- und Beilagenreis.

Klebreis dagegen verlangt eine ganz eigene Behandlung. Die Körner werden dazu vor dem Kochen einige Stunden gewässert und dann gedämpft – nicht gekocht, denn Klebreissorten nehmen durch ihren hohen Stärkegehalt beim Kochen in Wasser eine eher unangenehme, matschige Konsistenz an.

Onigiri

Es muss nicht immer Sushi sein: Die kleinen dreieckigen Snacks gibt es in Japan an jeder Ecke, denn sie eignen sich perfekt als Zwischendurch-Mahlzeit, und bei der Füllung sind der Fantasie keine Grenzen gesetzt.

ZUTATEN
FÜR 12 ONIGIRI

300 g Sushireis
Wasser
1 EL Salz
1 EL Furikake
1 EL Zucker
2 EL Reisessig
Nori-Blätter
Füllung (zum Beispiel Thunfisch-Mayonnaise oder im Backrohr gegartes und in kleine Stücke zerteiltes Lachsfilet)

ZUBEREITUNG

Den Reis gründlich waschen: In einer Schüssel mit kaltem Wasser bedecken, mit der Hand sanft durchrühren und dann abgießen, diesen Vorgang mindestens 3-mal wiederholen. Den Reis nach den Angaben auf der Packung kochen und anschließend auf einem Blech verteilen und auskühlen lassen.

In der Zwischenzeit Salz, Furikake, Zucker und Essig vermischen. Den handwarmen Reis in eine Schüssel geben und die Würzmischung darübergießen. Mit einem Holzlöffel gut durchmischen. Die Hände mit kaltem Wasser befeuchten und eine Handvoll Reis in der Hand leicht flach drücken. Etwas Fülle in die Mitte geben und eine Kugel daraus formen, den Reis dabei gut festdrücken. Dann aus der Kugel durch wiederholtes Drehen auf der Handfläche und Druck an den Seiten Dreiecke formen.

In vielen Asia-Shops gibt es inzwischen auch Onigiri-Förmchen zu kaufen, mit deren Hilfe die Dreieckform noch besser gelingt.

Zum Schluss die Noriblätter mit einer Schere in etwa 5 cm breite Streifen schneiden. Sehr leicht befeuchten, damit sie biegsam werden, und über die Unterseite der Dreiecke falten.

Mochi

ZUTATEN

200 g Klebreismehl
80 g Zucker
250 ml Wasser
etwas Kartoffelstärke
Anko
(Adzukibohnen-Paste)

ZUBEREITUNG

In einem Topf das Mehl mit dem Zucker vermischen. Dann nach und nach das Wasser unterrühren und dabei leicht erwärmen. Die Masse ist zuerst zäh und dickflüssig und wird beim Erhitzen immer fester und klebriger. Alternativ Mehl und Zucker in einer für die Mikrowelle geeigneten Schüssel mit dem Wasser verrühren und die Masse dann zugedeckt mehrere Male für 30 Sekunden bei 500 Watt in der Mikrowelle erhitzen, zwischendurch immer gut durchrühren.

Ist ein fester, elastischer und sehr klebriger Teig entstanden, diesen auf eine mit ausreichend Kartoffelstärke bestreute Arbeitsfläche stürzen und etwas ausrollen. Dann in Portionen teilen, der Teig reicht für etwa 14–16 Mochi. Die Teigportionen mit der Hand zu runden Scheiben flach drücken, etwa einen Esslöffel Füllung daraufgeben und den Teig rundherum zusammendrücken, sodass Kugeln entstehen.

•••

Sogar der japanische Dessertklassiker entstammt einer langen Kulturtradition: Mochitsuki heißt der traditionsreiche Vorgang der Mochi-Produktion. Die kleinen Reisküchlein werden vor allem an Silvester und Neujahr verspeist. Für die traditionelle Produktion von Hand braucht es zwei Personen, aber mit Klebreismehl aus dem gut sortierten Asia-Shop lassen sich die kleinen Süßigkeiten auch ganz einfach zu Hause herstellen. Füllen kann man sie nach Herzenslust, klassisch ist eine Paste aus roten Adzukibohnen, die es ebenfalls im Asia-Shop zu kaufen gibt, auch frisches Obst eignet sich.

Dass Reis den Beinamen *„weißes Gold"* trägt, belegt seinen Wert und seine Bedeutung. In manchen Ländern im asiatischen Raum macht er bis zu *80 Prozent der Nahrung* der Menschen aus.

¥600
¥600

Wasabi

Entdeckt wurde Wasabi bereits vor über **1000 Jahren**, damals wuchs die Pflanze oft wild an **Fluss- und Bachbetten.**

Eine unscheinbare Knolle, die es zu außergewöhnlichem kulinarischem Ruhm gebracht hat: Wasabi, japanischer Meerrettich, ist vor allem in Form einer scharfen grünen Paste als der ultimative Begleiter von Sushi, Maki und Sashimi bekannt. Dass die meisten Europäer aber trotzdem noch nie echten Wasabi gekostet haben, liegt vor allem an der Empfindlichkeit der Pflanze und ihrer aufwendigen Zucht. Noch vor Kurzem wurde Wasabi fast ausschließlich in Japan angebaut – und auch gegessen, denn der Bedarf innerhalb der Landesgrenzen ist so hoch, dass fast die gesamte Produktion in Japan selbst verspeist wird.

Entdeckt wurde Wasabi bereits vor über 1000 Jahren, damals wuchs die Pflanze oft wild an Fluss- und Bachbetten. Zum ersten Mal erwähnt wurde sie als Würz- und vor allem Heilpflanze etwa am Ende des ersten Jahrtausends nach Christus in einer Enzyklopädie. Erst während der Edo-Zeit ab dem frühen 17. Jahrhundert begannen japanische Bauern dann damit, sie zu kultivieren. Der Legende nach auf Geheiß des Shōguns Tokugawa, der aus mehreren Gründen ein großer Freund der scharfen Pflanze gewesen sein soll. Zum einen galt er als Genießer, der sich für kulinarische Neuerungen begeisterte, zum anderen sollen die Blätter der Wasabipflanze ihn an sein Familienwappen erinnert und er sie auch deshalb besonders geschätzt haben. Er förderte ihren Anbau in seiner Region und vor allem der Stadt Utogi, heute Shizuoka. Heute gilt deshalb die Präfektur Shizuoka und deren gleichnamige Hauptstadt als Wiege des Wasabi.

Den Ruf der heilenden Wirkung – und damit auch seine Verbreitung über die folgenden Jahrhunderte – verdankt Wasabi demselben Stoff, der für die Schärfe sorgt: Die enthaltenen Senföle gelten in der Naturheilkunde als Mittel gegen Entzündungen, sie wirken außerdem antibakteriell und sollen Verdauung und Durchblutung fördern. Dass sich der Genuss von Wasabi ab dem 19. Jahrhundert besonders als Begleiter von Sushi durchsetzte, hängt mit eben diesen naturheilkundlichen Wirkungen zusammen. Denn Kühlschränke gab es in dieser Zeit kaum, um die eventuellen gesundheitlichen Risiken des Genusses von rohem ungekühltem Fisch abzuwenden, setzte man also auf die Wirkung von Wasabi.

PFLANZENKUNDE

Wasabi (*Eutrema japonicum*) gehört zur Familie der Kreuzblütler. Der für die Küche vor allem verwendete Bestandteil ist streng genommen keine Wurzel, sondern ein Rhizom, ein unterirdisch wachsender Spross, von dem die eigentlichen Wurzeln austreiben. Über der Erde wachsen lange Stiele mit großen, runden bis herzförmigen Blättern. Im späteren Frühling trägt die Pflanze Blütentrauben mit kleinen weißen Blüten.

Dass der echte Wasabi (*hon wasabi*) hierzulande extrem teuer ist – ein Kilo schlägt mit bis zu 400 Euro zu Buche – liegt daran, dass die Pflanze eigenwillig ist und sehr langsam wächst. Einst gedieh die wilde Form der Pflanze vor allem in höheren Lagen sowie in der Nähe von Fließgewässern. Auch die Kulturform mag feuchte Böden, aber keine Staunässe; sie braucht Schatten und kühles Klima, aber keinen Frost. Mehr als 20 und weniger als rund 8 Grad Lufttemperatur wirken sich negativ auf ihren Wuchs aus, die Pflanze braucht also auch im Winter Plusgrade. Bis das Rhizom groß genug für die Ernte ist, vergehen eineinhalb bis zwei Jahre.

Frisch gerieben
hat echter Wasabi
eine lindgrüne Farbe
und ist nicht grellgrün.

IN DER KÜCHE

Nach Ablauf dieser Zeit werden die Rhizome aus dem Boden geholt – auch Blätter und Blüten sind genießbar, wenn auch weniger scharf und kräftig. Die Stielansätze werden an den Rhizomen belassen und diese zur längeren Haltbarkeit oft in feuchte Tücher eingeschlagen. Damit Wasabi seinen vollen Geschmack behält, muss er immer frisch gerieben werden. Denn ähnlich wie der in Mitteleuropa weit verbreitete Kren gehen Aroma und Schärfe schon nach kurzer Zeit verloren. Zum Reiben dient ein kleines Holzbrett, das *Oroshiki*. Traditionell besteht es aus Hai- oder Rochenhaut, die mit ihren rauen Oberflächen ideal geeignet sind, das Rhizom zu einer feinen Paste zu vermahlen. Inzwischen gibt es das Küchenwerkzeug aber auch aus Holz oder Metall (*Oroshigane*).

In den meisten europäischen, aber auch in vielen japanischen Küchen nutzt man statt der teuren und empfindlichen Rhizome Wasabipaste. Diese heißt zwar Wasabi, besteht aber nur zu einem Bruchteil aus der Pflanze – mitunter weisen die Pasten nur einen Wasabianteil von wenigen Prozent auf. Und selbst diese stammen oftmals nicht vom Rhizom, sondern aus den Blättern, die getrocknet, zu Pulver vermahlen und dann mit Wasser angemischt werden. Für die Schärfe wird dann herkömmlicher Kren oder auch Senfsaat hinzugemischt, für das leuchtende Grün sorgt meist Lebensmittelfarbe. Genau das unterscheidet die künstlichen Pasten auch schon auf den ersten Blick von echtem Wasabi: Frisch gerieben hat der eine lindgrüne Farbe und ist nicht grellgrün. Auch am Geschmack erkennen geschulte Gaumen das Original, denn dieses ist etwas weniger scharf als herkömmlicher Kren und hat oft einen leicht fruchtigen Beigeschmack.

FÜR HOBBYGÄRTNER

In Mitteleuropa ist frischer Wasabi äußerst schwer zu bekommen. Zwar werden die Pflanzen inzwischen nicht nur in Japan, sondern auch in anderen Ländern Asiens und etwa auch in Neuseeland angebaut, der Bedarf wird dadurch aber kaum gedeckt und entsprechend geringe Mengen gelangen in den Export. Sogar in der Spitzengastronomie kommen deshalb mitunter die Pasten zum Einsatz. Doch auch hierzulande können geschickte Hobbygärtner ihr Glück versuchen – wenn sie die speziellen Anforderungen der Pflanze beachten.

Im deutschsprachigen Raum ist die Pflanzung in einem einfachen Gemüsebeet nicht empfehlenswert, denn die Pflanzen vertragen keinen Frost und würden auch einen weniger strengen Winter kaum überleben. In großen Töpfen mit genügend Platz dagegen, die im Winter an einen etwas wärmeren Ort gestellt werden können, sind die Erfolgsaussichten besser. Da Wasabisamen in Europa kaum erhältlich sind und deren Anzucht schwierig ist, hilft man sich am besten mit Jungpflanzen, die inzwischen oft in großen Gärtnereien, alternativ auch in entsprechenden Onlineshops erhältlich sind. Die Jungpflanzen sollten dann in einen großen und ausreichend tiefen Topf in sehr nährstoff- und humusreiche Erde gesetzt werden. Am besten stellt man den Topf in einen Untersetzer, in dem immer etwa ein fingerbreit Wasser stehen sollte. Die Erde sollte dementsprechend immer feucht sein, die Wurzeln aber nicht ständig im Wasser stehen. Als Standort eignen sich kühle, schattige Plätze, regelmäßiges Düngen hilft dem sehr langsamen Pflanzenwachstum auf die Sprünge. Im Winter fühlen sich die Pflanzen in einem Wintergarten oder unbeheizten Gewächshaus am wohlsten.

Und dann heißt es: Geduld! Bis das Rhizom erntebereit ist, also eine Länge von etwa 15 Zentimetern erreicht hat, vergehen im Durchschnitt 18 Monate. Blätter und Blüten dagegen können ganzjährig geerntet und zu einer Paste püriert werden, die als milde Alternative die Wartezeit verkürzt.

Der Legende nach begannen japanische Bauern während der *Edo-Zeit*, auf Geheiß des Shōguns Tokugawa, *Wasabi zu kultivieren*. Er förderte den Anbau in seiner Region und vor allem der Stadt Utogi, heute Shizuoka.

Heute gilt Shizuoka als Wiege des Wasabi.

一ノ瀬
佐恵子
Rise
村上栄里
CLUB
RIKI
長谷麻理子
白雪
招徳
長龍

Sake

Zwar kennt man Sake hierzulande als „Reiswein“, doch diese Bezeichnung ist gleich auf mehreren Ebenen irreführend. Denn auf Deutsch bedeutet *Sake* lediglich so viel wie „alkoholisches Getränk“. *Nihonshu* nennt man in Japan zur Verdeutlichung stattdessen das, was im deutschsprachigen Raum als Getränk aus vergorenem Reis bekannt ist. In der Herstellung ähnelt er nicht Wein, sondern Bier, wird er doch gebraut und erhält seinen Alkoholgehalt von rund 15 bis 20 Prozent aus der Fermentation von in Zucker umgewandelter Stärke durch den Zusatz eines Hefepilzes. Seine große Vielfalt verdankt er heute vor allem den unterschiedlichen Herstellungstechniken, die zum Teil viele Jahrhunderte alt sind. Dass das japanische Nationalgetränk oft als „Getränk der Götter“ bezeichnet wird, ist deshalb sowohl ein Hinweis auf seine lange Geschichte als auch auf seine kulturelle Bedeutung.

Wann genau echter Sake oder *Nihonshu* entdeckt wurde, ist nicht geklärt, alte Chroniken und Schriften aus der japanischen Geschichte belegen aber, dass er bereits vor rund 1500 Jahren genossen wurde. Der Herstellungsprozess war da aber noch ein anderer. Angeblich sollen Bauern, nachdem der Reisanbau im Land populärer wurde, oft rohe Reiskörner gekaut und diese dann in eine Schüssel gespuckt haben. Diese Gemisch ließ man einige Zeit gären und aß es dann als Brei. Auch darin ähnelt Sake dem Bier, denn dessen Urform wurde in seiner Ursprungszeit vor mehreren Tausend Jahren zunächst vermutlich ebenfalls als flüssiger Brei aus Getreide, das einige Tage gegoren war, verzehrt.

Alte Chroniken und Schriften aus der japanischen Geschichte belegen, dass Sake bereits **vor rund 1500** genossen wurde.

Der tatsächliche Brauvorgang dürfte seine Ursprünge etwa im 8. Jahrhundert nach Christus haben, ab dieser Zeit wurde Sake am Herrscherhof sowie in Klöstern hergestellt. Und damit begann auch die Geschichte der *Toji*, der Sake-Brauer, und ihres Handwerks. Bis heute genießen sie im Land hohes Ansehen, was auch der Komplexität ihres Berufes geschuldet sein dürfte. Denn schon die riesige Auswahl an Sake im gut sortierten Getränkeshop zeigt: Sake ist nicht gleich Sake.

WIE AUS REIS SAKE WIRD

Der Beginn jedes *Nihonshu* ist Reis. Geeignet sind grundsätzlich alle der vielen Sorten des Gewächses, um aber hochwertigen, echten Sake herzustellen, kommen nur ganz bestimmte Sorten zum Einsatz, die sich deutlich von jenen unterscheiden, die man von Sushi, Onigiri und Co. kennt. Man nennt diese besonders gut für das Brauen von Sake geeigneten und eigens dafür angebauten Reissorten *Sakamai*. Sie unterscheiden sich bereits optisch von den typischen Speisereissorten, denn die Körner sind bis zu einem Drittel größer, dadurch sind auch die Stiele und Ähren der Pflanzen deutlich größer, was sich wiederum auf die Ernteprozesse auswirkt: Sake-Reis gilt als schwieriger zu ernten. Zwar enthalten auch diese Reisarten – wie alle anderen – Proteine, Fette und Mineralstoffe, diese befinden sich jedoch vor allem in den äußeren Schichten, während der Kern vor allem aus Stärke besteht.

> Um **hochwertigen, echten Sake** herzustellen, kommen nur ganz **bestimmte Reissorten zum Einsatz**, die sich deutlich von jenen unterscheiden, die man von Sushi, Onigiri und Co. kennt.

Nach der Ernte werden die Reiskörner für die Sake-Produktion zunächst poliert, die äußeren Schichten werden dabei entfernt. Schon dieser Vorgang setzt eine Menge Erfahrung des *Toji* voraus, denn der Poliergrad wirkt sich später entscheidend auf den Geschmack des Endproduktes aus: Werden die Körner weniger stark poliert, schmeckt der Sake herber und enthält mehr Umami-Noten, während intensiv polierte Reiskörner zu blumigen und leichteren Sake-Sorten führen. Sake-Kenner lesen diese Information an der Flasche ab. Dort befindet sich die Information über den Poliergrad in Prozent – weist eine Flasche Sake einen Poliergrad von 60 Prozent auf, wurden 40 Prozent des Kornes „wegpoliert". Dieses Detail wirkt sich also auf den Geschmack und dadurch auch auf Preis und Qualität aus. Besonders hochwertiger Sake besteht aus hochgradig polierten Reiskörnern, oft werden dabei rund drei Viertel des ursprünglichen Reisgewichtes entfernt.

Nach dem Poliervorgang wird der Reis gewaschen, gewässert und im Anschluss gedämpft, und auch hierfür hat jeder *Toji* sein Geheimrezept: Wie lange der Reis zunächst im Wasser quellen darf und dann gedämpft wird, trägt wesentlich zum Geschmack bei.

Dann beginnt der für den Alkoholgehalt entscheidende Prozess: die Gärung. Um dieser auf die Sprünge zu helfen, wird ein Teil des gegarten Reises mit einem Koji-Pilz versetzt, und der ist in der japanischen wie auch in anderen asiatischen Küchen kein Unbekannter. Der Schimmelpilz spielt auch bei der Herstellung von Sojasauce und Miso eine tragende Rolle. Beim Sake sorgt er dafür, dass die enthaltene Stärke in Zucker umgewandelt wird, dazu wird der gedämpfte und mit dem Pilz „geimpfte", so der Fachausdruck, Reis für bis zu 60 Stunden stehen gelassen. Während dieser Zeit werden sowohl Temperatur als auch Luftfeuchtigkeit genauestens überwacht, um die Vermehrung und Entwicklung des Pilzes zu kontrollieren. Während so das Reis-Koji entsteht, muss auch der andere wichtige Bestandteil für das Sake-Brauen vorbereitet werden: die Hefe. Sie wird mit Reis, Wasser und Milchsäure als Kultur angesetzt. Die Milchsäure dient dabei dazu, das Wachstum der Hefekultur anzuregen und unerwünschte Bakterien fernzuhalten. Sie muss dabei aber sehr sparsam und vorsichtig eingesetzt werden, damit der fertige Sake später nicht milchsauer schmeckt. Vom Ansetzen bis zur Weiterverwendung der Hefekultur vergehen mehrere Wochen.

In einem einige Tage dauernden Ablauf beginnt dann jener chemische Prozess, der den Sake so besonders macht. In genau definierten Zeitabständen werden dazu wiederholt Reis, Koji-Reis, Hefekultur und Wasser in einem Bottich oder Tank zusammengemischt – die Stärke wird dabei in Zucker und dieser wiederum in Alkohol umgewandelt. Weil dies zeitgleich und nebeneinander geschieht, spricht man von einer „multiplen parallelen Fermentation“. Je nach genauer Technik, Ausgangsprodukten und gewünschter Sake-Art dauert sie zwischen etwa 18 und 30 Tagen – wann genau der Prozess beendet ist, entscheidet der *Toji*, der hierfür erneut seine ganze Erfahrung und sein Wissen einfließen lässt. Für manche Sake-Arten darf etwas destillierter Alkohol zugefügt werden, andere werden mit Wasser vermischt, um den Alkoholgehalt zu senken. Am Ende befindet sich im Gärtank eine Art vergorener Reisbrei mit bis zu 20 Volumenprozent, der nun gefiltert und gepresst wird. Traditionell geschieht das mithilfe von Baumwolltüchern und Kohlefiltern, in großen, modernen Sake-Brauereien kommen dazu inzwischen Maschinen zum Einsatz. Der so ausgepresste Sake ist klar; damit das so bleibt und die chemischen Reaktionen gestoppt werden, wird die Flüssigkeit pasteurisiert, also auf rund 65 °C erhitzt, dann für mindestens sechs Monate eingelagert und erst danach in Flaschen abgefüllt.

Das japanische Nationalgetränk wird als **„Getränk der Götter“** bezeichnet: sowohl ein Hinweis auf seine lange Geschichte als auch auf seine kulturelle Bedeutung.

Saketini

ZUTATEN

5 cl Wodka
5 cl Sake
1 unbehandelte Zitrone
Eiswürfel

ZUBEREITUNG

Wodka und Sake mit Eiswürfeln in einen Shaker geben und gut schütteln. Dann durch ein Sieb in ein geeistes Martiniglas gießen. Einen breiten Streifen Zitronenschale hinzugeben und je nach Geschmack mit einem kleinen Spritzer Zitronensaft verfeinern.

Sake für Anfänger

Ähnlich wie bei Wein gilt auch bei Sake: Geschmäcker sind verschieden. In Japan wird Sake in verschiedene Kategorien eingeteilt, die einiges über seine Produktionsbedingungen – und damit auch über den Geschmack – aussagen. Diese Klassifizierung verhilft ungeübten Sake-Trinkern zu etwas Orientierung.

Futsu-shu heißt übersetzt „gewöhnlicher Alkohol" und bezeichnet dementsprechend die unterste Sake-Kategorie. Meist wird er aus einfachem und nur wenig poliertem Tafelreis hergestellt, der Geschmack darf durch die Beigabe von Aminosäuren oder Zucker verändert werden. Viele Sakes dieser Kategorie stammen aus großen Brauereien und sind von bestenfalls mittelmäßiger Qualität, doch auch kleine Brauereien stellen verhältnismäßig guten *Futsu-shu* als eine Art „Alltags-Sake" her, der eher selten pur getrunken wird und stattdessen gerne in Cocktailrezepten zum Einsatz kommt.

Junmai-shu bedeutet „reiner Reis-Sake", dem Sake durfte in der Herstellung also kein zusätzlicher Alkohol beigemischt werden. Der Poliergrad ist nicht festgelegt, meist liegt er aber bei 70 Prozent, etwa 30 Prozent der Körner wurden also entfernt. *Junmai-shu* zeichnet sich durch hohe Geschmacksvielfalt aus, oft schmeckt er eher erdig und herzhaft und gilt als guter Speisenbegleiter.

Namazake bezeichnet unpasteurisierten Sake, er muss deshalb auch durchgehend gekühlt und eine geöffnete Flasche rasch verbraucht werden. Auch aufgrund der nötigen Kühlung und der damit verbundenen niedrigen Trinktemperatur gilt er als idealer „Sommer-Sake" mit leichtem und frischem Geschmack und deutlichem Hefe-Aroma.

Ginjo-shu gilt als ideale Sorte für anspruchsvolle Einsteiger, denn es handelt sich um einen hochwertigen Sake mit meist blumigen oder fruchtigen Aromen. Er besteht aus Reis mit einem Poliergrad von 50 Prozent oder mehr. Weil *Ginjo* bis heute meist in Handarbeit hergestellt wird, handelt es sich um eine eher hochpreisige Kategorie.

Daginjo heißt eine der Königsklassen des Sake. Mehr als die Hälfte der Reiskörner wurde wegpoliert, was die weitere Verarbeitung besonders aufwendig und das Endprodukt deshalb recht teuer macht. Dieses ist dafür sehr aromatisch, leicht und trinkfreudig.

Tee

Denkt man an kulinarische Exportgüter aus Japan, kommt Genießern neben Reis und Sushi meist sofort ein Getränk in den Sinn, das die Welt im Sturm erobert hat: Grüner Tee gilt als *das* japanische Nationalgetränk, gibt es ihn im Land der aufgehenden Sonne doch in besonderer Vielfalt und Qualität. Doch er ist nicht nur Genussmittel, sondern auch Wirtschaftsfaktor und Kulturerbe. Verschiedene, im ganzen Land verstreute Anbaugebiete versprechen unterschiedlichste Aromen, und die traditionelle Teezeremonie ist ein fixer Bestandteil des japanischen Brauchtums.

Etwa im 8. Jahrhundert nach Christus erreichte der Tee Japan: Gesandte aus China brachten Samen einer bis dahin im Land unbekannten Pflanze von ihren Reisen mit. In buddhistischen Klöstern wurde das neuartige Gewächs zunächst als Heilkraut kultiviert und angebaut; die Mönche nutzten das Getränk aus den getrockneten, gemahlenen und mit heißem Wasser überbrühten Blättern zunächst also als Medizin. Auch Adelige kamen bald auf den Geschmack, im 9. Jahrhundert soll der Kaiser die Errichtung erster Teeplantagen in Auftrag gegeben haben. So wurde Tee in den folgenden Jahrhunderten zum beliebtesten Getränk der wohlhabenden und religiösen Gesellschaftsschichten.

Die traditionelle Teezeremonie ist ein fixer Bestandteil des japanischen Brauchtums.

Eine der ersten japanischen Abhandlungen über Tee stammt aus dem frühen 13. Jahrhundert und wurde von dem buddhistischen Abt Eisai verfasst, der die spirituelle Lehre in China studiert hatte. Bis heute gilt er als eine jener Personen, die maßgeblich für die Verbreitung des Teetrinkens im Land verantwortlich zeichneten. Bis zu diesem Zeitpunkt hatten Reisende immer wieder Samen aus China mitgebracht und diese angebaut, es dürften also bereits verschiedene Teesorten in Umlauf gewesen sein. In der alten Schrift wird beschrieben, wie sich das daraus hergestellte Getränk positiv auf den Körper und ein langes Leben auswirke, dass es die Wachsamkeit und Aufmerksamkeit fördere und der eher bittere Geschmack ein Zeichen der gesundheitsfördernden Wirkung sei. Die prunkvollen und aufwendigen Teezeremonien, die in adeligen Schichten bereits weit verbreitet waren, erreichten unterdessen auch die Samurai. Bis der Tee aber auch in den unteren Gesellschaftsschichten angekommen war, dauerte es weitere Jahrhunderte: Etwa ab dem Jahr 1500 war das Getränk so weit verbreitet, dass es auch außerhalb der Paläste, Klöster und wohlhabenden Häuser genossen wurde.

WO DER TEE WÄCHST

Es ist auch der lang gezogenen Form Japans und den dadurch zum Teil sehr unterschiedlichen klimatischen Bedingungen zu verdanken, dass japanischer Grüntee in einer so riesigen Vielfalt existiert. Bis in die 1960er-Jahre wurden auch andere Teesorten kultiviert, doch Schwarztee war aus Indien und Sri Lanka in besserer Qualität und zu günstigeren Preisen zu bekommen, und so verlagerte sich der Teeanbau im ausgehenden 20. Jahrhundert fast vollständig in Richtung des grünen Tees.

Das heute größte und wichtigste Anbaugebiet liegt an der Südostküste der Hauptinsel. In der Präfektur Shizuoka werden etwa 40 Prozent des japanischen Grüntees produziert, vor allem die als „Alltagstee“ beliebten Sencha-Sorten. Das Gebiet ist gebirgig, was zwar die Ernte komplizierter macht, verfügt aber über ein ideales Klima und ebensolche Niederschlagsmengen, sodass die Teepflanzen hier besonders gut wachsen.

An der Südspitze Japans liegt die Insel Kyūshū und dort, in Kagoshima, das zweitgrößte Anbaugebiet des Landes. Hier ist die Landschaft flach, was die Ernte der Blätter erheblich erleichtert, und das Klima subtropisch, weshalb in diesem Gebiet auch die ersten Tees des Jahres geerntet werden.

In der Präfektur Kyoto schließlich befindet sich die südlich der Hauptstadt liegende Region Uji. Zwar können die Erträge längst nicht mit den großen Anbaugebieten mithalten, es handelt sich um eine recht kleine Fläche, beliebt ist das Gebiet bei Teetrinkern aber dennoch. Denn hier wachsen die hochwertigsten Tees des Landes, und das seit jeher – einige der ersten Teeplantagen Japans befanden sich hier.

Tee-Legende

Abt Eisai, der als erster Japaner in einer schriftlichen Abhandlung über die ***Vorzüge des Tees*** *berichtete, soll dies auch aus pragmatischen Gründen getan haben: Angeblich sprach der Shōgun zu dieser Zeit im Übermaß dem Wein zu, Eisai machte sich also auf die Suche nach einem* ***weniger gesundheitsschädlichen*** *und trotzdem* ***wohlschmeckenden Getränk*** *für seinen Herrn und stieß schließlich auf den ihm aus China bekannten Tee.*

Man unterscheidet Grüntee aber nicht nur nach Sorte und Anbaugebiet, sondern auch nach dem Erntezeitpunkt. Grundsätzlich können Teepflanzen mehrmals im Jahr abgeerntet werden, meist wird dreimal pro Jahr, mitunter auch viermal geerntet. Der erste Tee des Jahres heißt *Shincha*, wörtlich „neuer Tee", und wird nur in den ersten Tagen der beginnenden Saison geerntet. Entsprechend klein sind die Mengen dieses Tees, unter Teekennern hat sich darum ein regelrechter Kult entwickelt, und *Shincha* ist meist bereits innerhalb weniger Tage ausverkauft. *Ichibancha* heißen die Tees der darauffolgenden, tatsächlichen „ersten" Ernte, die im April und Mai stattfindet. Zu diesem Zeitpunkt treiben gerade die ersten jungen Blätter aus, aus ihnen entstehen besonders hochwertige Tees. Die erlesene Qualität hat ihren Preis: Es handelt sich um die teuersten Exemplare, die für ihr mildes Aroma geschätzt werden. Die zweite Ernte (*Nibancha*) erfolgt in den Monaten Juni und Juli. Jetzt wachsen die Pflanzen sehr schnell, weshalb die Erträge sehr hoch sind. Gleichzeitig gilt der Geschmack aber als weniger aromatisch.

Grüner Tee gilt als das japanische Nationalgetränk, gibt es ihn im Land der aufgehenden Sonne doch in besonderer Vielfalt und Qualität.

MATCHA

Matcha kennt man hierzulande erst seit wenigen Jahren, in dieser kurzen Zeit hat er sich aber zum beliebten und allgegenwärtigen Trendgetränk entwickelt. Das leuchtend grüne Pulver besteht aus den fein gemahlenen getrockneten Blättern der Grünteepflanze und ist in Japan seit jeher fester Bestandteil der traditionellen Teezeremonie. Zur Herstellung von Matcha werden die Blätter vor der Ernte für mehrere Wochen beschattet. Dadurch sollen sie ein besonders intensives Aroma annehmen. Auch teure Grüntees werden auf diese Weise vor der Ernte vor der Sonne geschützt. Aufwendig ist die Herstellung von Matcha aber auch deshalb, weil dafür nur die feinen Blattbestandteile verwendet werden dürfen. Um diese zu gewinnen, müssen die Blätter zunächst gedämpft und im Anschluss getrocknet und zerbrochen werden. Durch die Behandlung mit Dampf behalten die Blätter ihre kräftig grüne Farbe und Inhaltsstoffe. Mit einem speziellen Verfahren werden dann sämtliche Stängel und Blattadern herausgefiltert, übrig bleibt nur rund ein Zehntel des ursprünglichen Gewichts – einer der Gründe, warum echter japanischer Matcha sehr hochpreisig ist. In Granitmühlen entsteht nun das feine grüne Pulver, das später üblicherweise mit etwas kaltem Wasser verrührt und dann mit exakt 80 °C heißem Wasser aufgegossen wird. Mit einem kleinen Bambusbesen (*Chasen*) wird die Flüssigkeit dann mit kräftigen Handbewegungen in einer flachen Schale (*Chawan*) schaumig aufgeschlagen.

サヒビール
ポロビール
スビール
清涼飲

Tee-Legenden

Die Entdeckung des Tees in China soll durch einen Zufall passiert sein – ***vor über 4000 Jahren.*** *Der Legende nach spazierte der chinesische Kaiser Shennung mit einer Schale heißen Wassers durch seinen Garten, als der Wind einige getrocknete Blätter in die Schale wehte. Das Wasser verfärbte sich daraufhin und ein* ***betörender Duft stieg dem Kaiser in die Nase.*** *Dieser war von dem Geschmack des Gebräus und seiner belebenden Wirkung so angetan, dass er von da an statt reinem Wasser stets eine mit Blättern aromatisierte Form davon zu sich nahm.*

Im 5. Jahrhundert nach Christus *hatte sich ein japanischer Mönch vorgenommen,* ***sieben Jahre ohne Schlaf auszukommen*** *und durch Meditation die Erleuchtung zu erlangen. Da er aber trotzdem immer wieder müde wurde und ihm die Augen zufielen, soll er sich* ***selbst die Augenlider entfernt und diese auf den Boden geworfen haben.*** *An derselben Stelle wuchs wenig später ein Baum, dessen* ***Blätter die Form von Augenlidern*** *hatten und die der Mönch in Wasser aufkochte. Wie durch ein Wunder verschwand seine Müdigkeit nach Genuss des Getränks – und er vollendete seinen Plan.*

In buddhistischen Klöstern wurde das einst neuartige Gewächs als Heilkraut kultiviert und angebaut – die Mönche nutzten das Getränk aus getrockneten, gemahlenen und mit heißem Wasser überbrühten Blättern zunächst als Medizin.

SADŌ: DIE KUNST DES TEETRINKENS

Die traditionelle japanische Teezeremonie ist bis heute untrennbar mit einem Namen verbunden. Einer der ersten Teemeister der japanischen Geschichte hieß Rikyū, er diente am japanischen Kaiserhof und war der erste, der im 16. Jahrhundert die komplexen Regeln des Ablaufs einer Teezeremonie niederschrieb. Heute kennt man das Ritual als *Sadō*, *Chadō* oder *Chanoyu* – wörtlich übersetzt „Weg des Tees“ –, das in verschiedensten Schulen, Richtungen und Prinzipien verbreitet ist, fast alle davon basieren aber auf Rikyūs Lehren. Und gemeinsam ist ihnen auch die spirituelle und philosophische Bedeutung, die bei Weitem nicht mit einer guten Tasse Tee in geselliger Runde gleichzusetzen ist.

Schauplatz der Teezeremonien sind die bewusst einfach gestalteten, von einem Garten umgebenen Teehäuser. Das mehrere Stunden dauernde Ritual beginnt bereits beim Eintritt in den Garten: Der Weg führt zunächst über einen Pfad (*Roji*), der auch die Abkehr vom Alltag und das Eintreten in einen Zustand innerer Ruhe symbolisiert. Bevor Gäste hineingebeten werden, waschen sie traditionell Hände und Mund, wiederum ein vor allem symbolischer Akt. Meist wird danach ein leichtes Menü serviert, bevor nach einer Pause die eigentliche Zeremonie beginnt. Betreten wird das Teehaus dabei nach dem Erklingen von fünf Gongschlägen, meist durch einen niedrigen Eingang, der Gäste zu einer gebückten Haltung zwingt und sie so Demut und Bescheidenheit zeigen lässt. Das geräuschvolle Schließen der Tür hinter dem letzten Eintretenden ist das Zeichen für den Zeremonienmeister, mit der Teezubereitung zu beginnen. Dieser ordnet zunächst die Utensilien vor sich an und bereitet dann den Matcha zu, jeder Bewegungsablauf entspricht dabei genau festgelegten Vorgaben und Regeln. Und auch das Überreichen der Schale, das Trinken und die Übergabe an den nächsten Gast sind genauestens festgelegt. Im Zentrum stehen dabei stets Ruhe, Kontemplation, der Respekt für Gastgeber und andere Gäste und ein harmonisches Miteinander.

Heute kennt man das *Ritual der Teezeremonie* als Sadō, Chadō oder Chanoyu – wörtlich übersetzt *„Weg des Tees"* –, das in verschiedensten Schulen, Richtungen und Prinzipien verbreitet ist.

Matcha-Kuchen

ZUTATEN

3 Eier
150 g weiche Butter
150 g Zucker
200 g Mehl
1–2 EL Matcha
1 TL Backpulver
1 Prise Salz

ZUBEREITUNG

Die Eier trennen. In einer Schüssel die Butter mit dem Zucker sehr schaumig aufschlagen. Dann nach und nach die Eidotter dazugeben, dabei weitermixen, bis eine luftige, schaumige Masse entstanden ist. Das Eiweiß zu Schnee aufschlagen.

Die trockenen Zutaten vermischen, in die Dottermasse sieben und vorsichtig unterrühren. Zum Schluss den Schnee unterheben. In eine mit Butter bestrichene Kasten- oder Kuchenform geben. Backofen auf 180 °C vorheizen und für ca. 40 Minuten backen. Vor dem Servieren mit Puderzucker bestäuben.

•••

Man kennt Matcha im deutschsprachigen Raum als munter machende, gesunde Alternative zu Kaffee und anderen Teesorten, doch das grüne Pulver eignet sich auch für die Herstellung von Desserts – es sorgt für eine schöne Farbe und einen leicht herben Geschmack, der wunderbar mit Süßspeisen harmoniert.

Japans Spitzenrestaurants

Es ist kein Geheimnis, dass man sich einer Landesküche am besten vor Ort annähert. In Japan ist das keine leichte Aufgabe, denn die Vielfalt an angebotenen Speisen und Darreichungsformen ist gewaltig und beinahe unüberschaubar. Das hat viel mit der schieren Größe des Landes zu tun. Allein Tokio und der umliegende Ballungsraum sind das Zuhause von rund 39 Millionen Menschen, es handelt sich um die größte Metropolregion der Welt. Kein Wunder, dass dort auch die Restaurantdichte geradezu schwindelerregend hoch ist und die Stadt als Genuss-Mekka gilt. Wie viele Restaurants genau es sich in und um die Hauptstadt bequem gemacht haben, ist schwer zu sagen, es dürften aber weit über 150000 Etablissements sein, vom preisgekrönten Fine Dining bis zu gemütlichen Izakayas.

Tokio ist aber nicht nur in Bezug auf Quantität das kulinarische Epizentrum des Landes, sondern auch, was die Qualität betrifft. Für den internationalen Reise- und Gastroführer *Guide Michelin*, der seit vielen Jahren durch die Vergabe von Sternen als Richtschnur für die Bewertung von Restaurants gilt, ist Tokio gar der weltweite Spitzenreiter des guten Geschmacks – nirgendwo anders auf dem Planeten gibt es demnach eine höhere Anzahl ausgezeichneter Restaurants.

Doch auch außerhalb der quirligen Stadt gibt es aus kulinarischer Sicht viel zu entdecken, das ganze Land ist schließlich ein wahrer Hotspot für Foodies. Traditionelle Gerichte von Sushi bis Ramen sind nur ein Teil der Bandbreite, gerade in den vergangenen Jahrzehnten haben sich auch im Land der untergehenden Sonne unterschiedlichste neue (Küchen-)Trends durchgesetzt, die Tradition und Moderne kombinieren. Am besten schlemmt man sich bei einem Japanbesuch also durch möglichst viele der zahlreichen Restaurants und überzeugt sich dabei selbst vom Können der einheimischen Köche.

Fine Dining

KANDA, TOKIO

Seit fünfzehn Jahren steht das *Kanda* an der Spitze zahlreicher Bestenlisten des Landes, gerade erst wurde Chefkoch Hiroyuki Kanda vom *Gault & Millau*, neben dem *Guide Michelin* die zweite internationale Genuss-Instanz, zum besten Koch des Landes erkoren. Es gilt als eine Art Lottogewinn, hier einen Tisch zu ergattern.

Die Geschichte des stylischen Restaurants im Tokioter Business-Viertel Toranomon geht weit zurück – schon Kanda-sans Eltern betrieben einst ein Restaurant, er selbst wuchs zwischen Küche und Gastraum auf, bevor er das Lokal übernahm und es einige Jahre später an der heutigen Adresse neu eröffnete.

Dass das *Kanda* weit mehr als ein Fine-Dining-Tempel ist, zeigt schon die Einrichtung, denn auch die macht sich, wie die Küche, japanisches Brauchtum zunutze: Bambus und Zeder sind die vorherrschenden Materialien; die Kunstwerke an den Wänden stammen vom anerkannten japanischen Fotokünstler Hiroshi Sugimoto, und im Zentrum des Restaurants befindet sich ein Garten, der nach traditionellen Prinzipien der Gartengestaltung angelegt wurde. Ähnlich verhält es sich in der Küche, denn auch die bedient sich fest in der Kulturgeschichte des Landes verankerter Techniken in zeitgemäßer Ausführung und klassisch japanischer Produkte: Fugu, Abalone, Wagyu und andere regionale Delikatessen sind die Stars im Menü, das der Chef sich täglich – je nach Verfügbarkeit – neu ausdenkt.

Ramen

RAMEN LIDA SHOTEN, YUGAWARA

Zwar gilt Tokio als das ultimative Ramen-Paradies, finden sich in der Großstadt doch mehrere Tausend Suppenküchen, in denen hemmungslos geschlürft werden darf. Doch die Dichte ist auch im Rest des Landes hoch, so wie die Qualität. Seit Jahren beschäftigen sich zahlreiche Medien, von Blogs und Magazinen bis zu Social-Media-Kanälen, deshalb damit, die absolut beste Ramen-Adresse zu finden. Zweimal in Folge an der Spitze fand sich dabei zuletzt ein unscheinbares kleines Häuschen in der Kleinstadt Yugawara südwestlich der Hauptstadt: *Ramen lida Shoten.*

Shota lida heißt der Ramen-Meister, der hier seine Suppen an die Gäste serviert, die oft schon frühmorgens eine lange Schlange bilden, um in den Genuss seiner Kreationen zu kommen. Verkaufsschlager sind dabei die klassischen Shoyu-Ramen auf Hühnersuppen-Basis, und schon darin dürfte eines der Erfolgsgeheimnisse liegen. Denn in die Suppe dürfen hier nur ganz bestimmte einheimische Hühnerrassen, aus denen sich besonders intensive Brühe kochen lässt. Auch die Einlage aus Schweinefleisch kommt von speziellen Tieren aus der unmittelbaren Nähe. Die Nudeln schließlich sind handgezogen und bestehen aus einer Mischung verschiedener Mehlsorten, die nach hauseigenem Rezept täglich frisch produziert werden. Lauter gute Gründe also, sich von Tokio aus auf die etwa einstündige Zugfahrt zu begeben, und Lida-san in seiner kleinen Küche einen Besuch abzustatten.

Sushi

SUKIYABASHI JIRO, TOKIO

Wer in Japan nach dem besten Sushi-Lokal fragt, wird wohl ähnlich homogene Antworten erhalten wie jemand, der nach dem besten Wein der Welt fragt. Geschmäcker sind schließlich verschieden – und das japanische Nationalgericht kommt in seiner Heimat in einer solchen Fülle und Bandbreite daher, dass es tatsächlich kaum möglich ist, die Besten aus den Besten herauszufiltern.

Eines der legendärsten Sushi-Etablissements ist aber das Tokioter *Sukiyabashi Jiro*, nicht nur, aber auch aufgrund der qualitativ und handwerklich perfekten Nigiri, die hier zubereitet werden. Seinen Ruhm verdankt das Lokal mit gerade einmal zehn Sitzplätzen einem erfolgreichen Dokumentarfilm aus den frühen 2000er-Jahren – und der Tatsache, dass es ab 2007 über ein Jahrzehnt lang konstant mit drei *Michelin*-Sternen ausgezeichnet wurde, der höchstmöglichen Ehrung für ein Restaurant. Im Jahr 2019 aber wurden plötzlich und auf einen Schlag alle Sterne aberkannt. Nicht, weil die Qualität innerhalb eines Jahres so nachgelassen hatte, sondern weil der Chef, der damals über 90-jährige Jiro Ono, sich dazu entschloss, keine telefonischen Reservierungen mehr anzunehmen. Ein Ausschlusskriterium für den *Guide Michelin*.

Legende war das kleine Lokal da aber schon längst, berühmte Fans von David Beckham bis Barack Obama gingen auch ohne Auszeichnung ein und aus. Obwohl das keine leichte Aufgabe ist, denn die Vorgaben des Chefs klingen nicht besonders einladend: Am besten soll beim Essen nicht gesprochen werden, aufdringliche Parfums und Erinnerungsfotos sind nicht erwünscht, und ein *Omakase*-Menü schlägt mit weit über 300 Euro zu Buche. Inzwischen ist das Reservierungsverbot wieder abgeschafft, ausländische Touristen haben dem Vernehmen nach aber dennoch wenig Chance auf die begehrten Plätze – geraten wird, einen einheimischen Hotelmitarbeiter die Reservierung vornehmen zu lassen.

Hat man es aber einmal in das winzige Restaurant geschafft, wird man Zeuge wahrer Perfektion: Handgemachtes und à la minute zubereitetes Sushi aus den hochwertigsten Meeresbewohnern, die sich in den Gewässern rund um Japan finden lassen. Der Chef hat schließlich fast 75 Jahre Berufserfahrung.

京都
ここら屋
電 三七三一二四八八
こら屋中目
電話
店

うちごはん
準社員さん
フリーター アルバイト
大募集!!
調理の達人! 経験者の方
大歓迎!! 週に5日.
金・土・日・祝日 積極的に
入ってくれる方!!
お気軽にお問合せ下さい!
時給¥1,100以上
日給¥9,000以上

Kunst & Handwerk

Die Vielfalt der japanischen Kultur zeigt sich auch in ihren zahllosen Handwerksdisziplinen. Das hat viel mit ihrer langen, bewegten Geschichte und ihrer so über Jahrhunderte und Jahrtausende gewachsenen Tradition zu tun und auch mit der ebenso langen Zeit für die Perfektionierung der unterschiedlichen Techniken. Kaum anderswo liegen deshalb Kunst und Handwerk so nah beieinander wie hier.

Die tradierten Methoden umfassen aber längst nicht nur die Herstellung unterschiedlichster Gegenstände, sondern auch ihre Verschönerung – und mitunter sogar ihre Reparatur: Von der Messer- und Schwertschmiedekunst, die ihren Ursprung in der Samurai-Kultur haben, über die traditionellen Blumenarrangements des **Ikebana** bis zum **Kintsugi**, für das zerbrochene Keramik mithilfe von Gold oder Edelmetallen wieder zusammengefügt und ihr so neues Leben eingehaucht wird.

Dass die japanische Handwerkskunst weltbekannt ist und ihre Erzeugnisse überaus begehrt sind, liegt nicht nur an ihrer oft reduzierten, filigranen Ästhetik. Es ist auch der Verzicht auf industrielle Fertigung und technische Hilfsmittel, die die Produkte so besonders machen. Jedes davon ist schließlich ein Unikat und verdient den Zusatz „in Handarbeit" in ganz besonderem Ausmaß. Und dank des über zahllose Generationen überlieferten Wissens ist auch ihre Qualität unerreicht. Schließlich gilt das Streben nach Perfektion als Grundvoraussetzung für jedes japanische Kunsthandwerk.

Irezumi

BILDER AUF DER HAUT

Es gibt kaum einen Kulturkreis auf der Welt, in dem Tattoos nicht auf die eine oder andere Art eine lange Tradition und Geschichte haben, die oftmals in indigenen Kulturen wurzelt. Japan ist da keine Ausnahme. *Irezumi* nennt man hier die Bilder auf der Haut, eine Komposition aus den Begriffen *ireru* für „hineinbringen“ und *sumi* für „Tinte“. Für die Geschichte dieses Einbringens von Tinte unter die Haut gibt es in Japan historische Funde, die viele Tausend Jahre alt sind: Tonfiguren mit eingravierten Mustern werden auf mehrere Jahrtausende vor Christus datiert und gelten als älteste Belege für diese außergewöhnliche Kunstform.

Auch bei den Ainu, der indigenen Bevölkerung Nordjapans, waren Tätowierungen einst weit verbreitet und fester Bestandteil der Kultur – und zwar unter den weiblichen Mitgliedern in ungewöhnlicher Form: Ainu-Frauen trugen häufig eine als *Anci-Piru* bezeichnete Tätowierung auf den und um die Lippen, die nach ihrer Vollendung einem Schnurrbart ähnelte. Auch auf den Armen wurden geometrische Muster aus breiten Linien getragen, ihre dunkelgraue Färbung entstand durch Ruß, der in zahlreiche kleine Schnitte in der oberen Hautschicht gerieben wurde. Das Tragen der *Anci-Piru* war jahrhundertelang nicht nur ein Statussymbol, sondern markierte auch die Position der Frau in der Gesellschaft: Der „Schnurrbart“ sollte fertiggestellt sein, bevor die Frau ihr erstes Kind zur Welt brachte. Den Tattoos wurden damals aber auch sowohl heilende wie spirituelle Wirkungen nachgesagt.

SYMBOL FÜR KRIMINALITÄT

Eine deutliche Wandlung erfuhr die Bedeutung der japanischen Tattoo-Kunst bis in die frühe Edo-Zeit im beginnenden 17. Jahrhundert. Wie in anderen Kulturen auch wurden Tätowierungen dazu eingesetzt, Kriminelle zu kennzeichnen – *irezumi kei* nannte man die Strafe durch Tätowieren. Historische Belege zeigen, dass etwa des Mordes überführte Personen mit einem Zeichen im Gesicht versehen wurden. Jede Region des Landes hatte dabei ihr eigenes Symbol, dem Verurteilten sah man so nicht nur sein Vergehen, sondern auch den Tatort sofort an. Auch weniger schwere Verbrechen wurden mit Tätowierungen gekennzeichnet – für Diebstahl erhielt man etwa ein Symbol auf dem Arm. So entstand eine – gedankliche – Verbindung von Tattoos und Kriminalität, die dazu führte, dass freiwillige Tattoos gesellschaftlich verpönt waren.

Die Entwicklung der besonders kunstvollen Ausführung der *Irezumi*, die man heute als großflächige und farbenfrohe Darstellungen traditioneller Motive kennt, dürfte damit in Verbindung stehen und auch in einem pragmatischen Grund ihren

Ursprung gehabt haben: dem Versuch, die Straftattoos zu verstecken. Auch die Entstehung und Verbreitung der *Yakuza,* die häufig ebenfalls großflächige, mitunter sogar den ganzen Körper bedeckende Tattoos tragen, die die Zugehörigkeit zu verschiedenen Subgruppen zeigen, wird mit diesem Vorgang in Verbindung gebracht.

VOM HOLZSCHNITT ZUM TATTOO

Im Lauf der Edo-Zeit, die bis ins spätere 19. Jahrhundert andauerte, wandelte sich die gesellschaftliche Bedeutung von Tattoos aber erneut. Das lag zum einen am Aufkommen einer anderen Kunstform, die innerhalb kürzester Zeit an Popularität gewann: *Ukiyo-e* bezeichnet eine Richtung der japanischen Malerei sowie die traditionelle Holzschnitttechnik, mit deren Hilfe farbige Drucke erstellt wurden. Zum anderen hatten die Tätowierungen ihre wachsende Beliebtheit ausgerechnet einem Roman zu verdanken. Die japanische Übersetzung der chinesischen Abenteuergeschichte *Suikoden* war schon in ihren ersten Auflagen mit kunstvollen Holzschnittdrucken versehen, die unter anderem die kämpfenden Helden abbildeten. Sie alle trugen farbenfrohe Tätowierungen von Drachen, Blumen, Tigern und zahlreichen anderen Motiven auf der Haut. Rund um das Buch und seine Grafiken entstand ein regelrechter Hype – und damit stieg auch die Beliebtheit des *Irezumi.*

So kam es, dass viele Holzschnittkünstler sich auch in der Kunst des Tätowierens übten, die Empfänger ihrer Kunstwerke waren meist Arbeiter und Angehörige der niedrigeren sozialen Schichten, obwohl manche Historiker annehmen, dass auch Menschen mit höherem sozialem Status Tattoos trugen, allerdings unter ihren Kleidern versteckt. Da die bunten Bilder auf der Haut die historisch bedingte Verbindung zur Kriminalität und den Yakuza aber nicht ganz abschütteln konnten, griff Japans Regierung im späten 19. Jahrhundert, als man die Landesgrenzen öffnete und sich der westlichen Welt als vorbildlich präsentieren wollte, zu einem drastischen Schritt: Tätowierungen, zumindest öffentlich zur Schau gestellte, wurden verboten. Erst nach dem Ende des Zweiten Weltkrieges wurde dieses Verbot von den Besatzungsmächten aufgehoben. Aber nicht überall – in manchen öffentlichen Badehäusern Japans ist der Eintritt mit Tattoos auch heute noch nicht erlaubt. Noch immer wird die traditionelle

Drache

Anders als in vielen europäischen Mythen und Sagen stehen Drachen im asiatischen Kulturkreis für Stärke und Kampfgeist, aber auch Weisheit und Mut.

Koi

Die farbenprächtige Karpfenart
repräsentiert im Irezumi
Ausdauer und Zielstrebigkeit –
das liegt vermutlich daran, dass die Zierfische
auch in der Realität ein beeindruckendes Alter
von **weit über 20 Jahren** erreichen können.
Die Legende vom ältesten Koi Japans
übertrifft dies noch um Längen:

**Er soll über
200 Jahre alt gewesen sein.**

Tattoo-Kunst häufig mit den Yakuza und damit mit Kriminalität in Verbindung gebracht – 2012 startete der Bürgermeister von Osaka sogar eine Kampagne, deren Ziel es war, Tätowierungen bei Staatsbediensteten zu verbieten, scheiterte aber damit.

ZUM HORISHI AUSGEBILDET

Heute bezeichnet man die Künstler, die sich auf traditionelle *Irezumi* verstehen, als *Horishi*, in ganz Japan gibt es etwa 300 von ihnen. Viele sind noch in der traditionellen Technik ausgebildet, die die Tinte mithilfe mehrerer, an einem Bambusstab befestigter Nadeln in die Haut sticht. Da es sich dabei aber um einen schmerzhaften und äußerst langwierigen Prozess handelt, werden inzwischen auch vielfach moderne Gerätschaften zum Einbringen der Farbe unter die Haut genutzt. Die Motive aber entsprechen nach wie vor den traditionellen Darstellungen und zeigen häufig Drachen oder Kois sowie Blumenmotive in leuchtenden Farben, die von schwarzen geometrischen Mustern eingefasst werden. Wer zum *Horishi* werden will, durchläuft in der Regel eine mehrere Jahre dauernde Ausbildung, die auf die Technik selbst, die Mischung der Farben und das Entwerfen der Motive fokussiert. Nach Abschluss der Lehrjahre nimmt ein so ausgebildeter Künstler traditionell ein Pseudonym an, das aus dem Wortteil *Hori-* für die Kunstform und einem Teil des Namens des Lehrers gebildet wird.

Ikebana

SCHÖNHEIT DES MINIMALISMUS

Japans „lebende Blumen“ sind fest in der Kultur des Landes und ihrer Geschichte verwurzelt. Anders als andere inzwischen im Land verbreitete Kunstformen haben sie ihre Ursprünge aber nicht in anderen Ländern oder dem Austausch der Kulturen in vergangener Zeit: *Ikebana*, das Arrangieren von Blumen, gibt es in seiner lange tradierten, inzwischen hoch entwickelten und mit zahlreichen philosophischen Strömungen verbundenen Form nur im Land der aufgehenden Sonne. Neben der Kalligrafie und der traditionellen Teezeremonie gehört es deshalb auch zu den Zen-Disziplinen, die zum Teil bis heute an Schulen unterrichtet werden.

Von der klassischen Floristik anderer Länder unterscheidet es sich schon in der Optik stark. Während dort oftmals die Üppigkeit der Pflanzen, harmonische Farben oder auch die gleichmäßige Länge aller Komponenten im Vordergrund stehen, ist im Ikebana meist der Minimalismus das auffallendste Merkmal. Wie im Fall zahlreicher anderer japanischer Kunst- und Handwerksformen geht es um Einfachheit und Reduktion auf das Wesentliche bei gleichzeitiger Präzision. Merkmale, die die Kunst schon auf den ersten Blick außergewöhnlich machen.

VERBINDUNG ZWISCHEN MENSCH UND NATUR

Im Zentrum des *Ikebana* steht der Respekt vor der und die Liebe zur Natur, die in den Blumen- und Pflanzen-Arrangements zum Ausdruck gebracht werden sollen. Gleichzeitig ist es auch erklärtes Ziel, die Natur auf diese Weise in den Lebensraum der Menschen zu übertragen. Die Künstler und Künstlerinnen stellen in ihren Arrangements also symbolisch und auch ganz direkt eine Verbindung zwischen Mensch und Natur her. Entscheidend für die weitere Bedeutung eines *Ikebana*-Kunstwerkes ist dabei nicht nur, welche Gewächse zum Einsatz kommen, auch ihre Form, der Zuschnitt, die verwendeten Bestandteile und das Gefäß sind wesentlicher Teil des großen Ganzen. Zudem werden für das *Ikebana* nicht nur „perfekte“ Blüten verarbeitet, wie man es von einem klassischen Blumenarrangement vielleicht gewöhnt ist. Vielmehr sind Stängel, Zweige, Blätter oder vermeintlich „unschöne“ Bestandteile jeder Pflanze ebenso ein wichtiger Teil davon.

Einfachheit und Reduktion
auf das Wesentliche bei
gleichzeitiger Präzision.

URSPRÜNGE DES IKEBANA

Im Lauf seiner langen Geschichte haben sich auch im *Ikebana* verschiedene Richtungen und Methoden entwickelt. Die meisten von ihnen arbeiten aber mit drei grundsätzlichen Gestaltungsebenen oder Linien, die meist als *Shin, Soe* und *Hikae* bezeichnet werden, also Himmel (*Shin*), Menschheit (*Soe*) und Erde (*Hikae*). Diese drei Ebenen können etwa durch die unterschiedlichen Höhen verwendeter Blumen repräsentiert werden und tragen so zur Bedeutung des Kunstwerkes bei: *Shin* ist dabei immer der höchste Zweig des Arrangements und *Hikae* der niedrigste. *Soe*, der Mensch, steht dazwischen. Durch das *Ikebana* wird so nicht nur die Natur wertgeschätzt, sondern auch die kosmische Ordnung ausgedrückt. Eine weit verbreitete Strömung des *Ikebana* ist das *Rikka*, auf Deutsch etwa „stehende Blumen". Demnach besteht ein Kunstwerk nicht nur aus drei Linien oder Ebenen, sondern aus sieben oder sogar neun. Das *Rikka* symbolisiert eine Landschaft und wird aufgrund seiner Komplexität meist für festliche Anlässe kreiert. Aus ihm entwickelten sich verschiedene weitere Richtungen, jede von ihnen wiederum mit eigenen Vorgaben und Regeln, die die spirituelle Bedeutung unterstreichen sollen.

Die enge Verwandtschaft des *Ikebana* mit Religion und Philosophie zeigt sich in seinen Ursprüngen – schon vor Jahrtausenden wurden buddhistischen Gottheiten Blumenopfer dargebracht und Tempel mit prächtigen Blumenarrangements geschmückt. In der shintoistischen Religion zählt es zu den wichtigsten Grundsätzen, dass auch Pflanzen von Gott oder Geistern beseelt sind. Daraus entwickelte sich einerseits die besondere Bedeutung von Blumen in der japanischen Kultur, andererseits die Kunstform des Arrangierens dieser Blumen, die schon früh in Schulen gelehrt wurde – zunächst war sie männlichen Schülern vorbehalten, erst einige Jahrhunderte später wurden auch Frauen in der Kunst des *Ikebana* unterrichtet. In der Samurai-Kultur spielten die Blumenarrangements ebenfalls schon vor Jahrhunderten eine Rolle, denn die Krieger wurden in den klassischen japanischen Kunstformen unterrichtet. Etwa im 14. Jahrhundert formulierte man dann erstmals genaue Regeln, ab diesem Zeitpunkt entwickelten sich unterschiedliche Methoden und Techniken, die aber alle eines gemeinsam hatten: Das fertige Blumenarrangement sollte sowohl ästhetischen Ansprüchen genügen wie auch eine Aussage über den Künstler und vor allem die Welt in sich tragen.

Heute lehren zahlreiche Schulen und Bildungseinrichtungen in ganz Japan das *Ikebana*. Auch außerhalb des Landes kann man sich in der Kunst unterrichten lassen. Und diese steht nicht still – noch immer werden neue Strömungen und Techniken entwickelt und kultiviert. Im Zentrum steht dabei stets das Material, aber auch der Künstler: Ziel vieler *Ikebana*-Richtungen ist auch eine Art Meditation, die sich beim Erschaffen eines Kunstwerkes einstellt. Der vermeintlichen Einfachheit der Kunstwerke steht auch deshalb ein langer Entstehungsprozess gegenüber, der genau durchdacht sein will. Denn für alle *Ikebana*-Richtungen gilt, dass die Bedeutung im Zentrum steht – egal, ob sie die Position des Menschen in der Welt oder auch eine von Menschen unberührte Landschaft darstellt.

Ikebana für Zuhause

Bis zum Meister des *Ikebana* ist es ein weiter Weg, in den traditionellen Bildungsstätten in Japan lernt man mehrere Jahre. Inzwischen werden aber auch in Europa vielerorts Anfängerkurse angeboten, und zahlreiche Bücher erklären die ersten Schritte. Zentral ist dabei immer, dass die Schönheit des fertigen Arrangements nur ein kleiner Teil der Kunstform ist. Vor allem die intensive Beschäftigung mit den Komponenten und ihrer Bedeutung, das Befolgen der jeweils gültigen Regeln, die Reflexion über das fertige Werk und dessen ganz individuelle Symbolik stehen im Mittelpunkt. Auch der Prozess des Aussuchens der Blumen und Pflanzenteile ist einer der zentralsten Arbeitsschritte im *Ikebana*.

Wichtige Utensilien

Kenzan – Der „Steckigel" ist eine schwere und dadurch stabile Scheibe, die mit Messingnadeln besetzt ist, auf die Blumen und Zweige aufgesteckt und so arrangiert werden können. Er ist die Basis vieler – nicht nur japanischer – Gestecke.

Schale – Grundsätzlich eignen sich alle flachen Schalen unterschiedlicher Größe, in deren Mitte der *Kenzan* platziert werden kann. Spezielle handgemachte *Ikebana*-Schalen aus Japan findet man im Internet.

Vase – *Ikebana*-Vasen verfügen über eine Lochplatte, in die einzelne Blumen oder Zweige eingesteckt werden können, auch herkömmliche Vasen eignen sich aber für erste *Ikebana*-Gehversuche.

Im Zentrum steht stets das Material, aber auch der Künstler: *Ziel vieler Ikebana-Richtungen* ist auch eine Art *Meditation*, die sich beim Erschaffen eines Kunstwerkes einstellt.

Hōchō

Wer heutzutage einen Blick in eine gut ausgestattete Küche wirft, egal, ob sie von einem ambitionierten Hobby- oder einem ausgewiesenen Spitzenkoch betrieben wird, wird neben den üblichen Utensilien in zahlreichen Fällen ein ganz besonderes Schneidewerkzeug entdecken: Das japanische Küchenmesser oder *Hōchō* ist inzwischen fixer Bestandteil jeder Küche, die etwas auf sich hält. Und das zu Recht, denn die japanischen Messer gelten als besonders scharf, hochwertig, perfekt in der Handhabung – und beinahe unzerstörbar.

Ihren Ursprung hat die hohe Qualität der *Hōchō* in der Samurai-Kultur. Die berüchtigten Krieger trugen lange, säbelförmige Schwerter, deren Herstellung schon vor Jahrhunderten von besonderer Präzision und Fingerfertigkeit geprägt war. Ihr voraus ging die Entdeckung eines bestimmten Eisensandes, aus dem besonders widerstandsfähige Metalle entstanden, die für die Waffenproduktion eingesetzt wurden. Ab dem 12. Jahrhundert genoss der Berufsstand der Schmiede in Japan deshalb hohes Ansehen, zahlreiche kriegerische Konflikte sorgten dafür, dass der Bedarf an Schwertern groß war und sie ihre Techniken so immer weiter verfeinern konnten. Mit der Edo-Zeit ab dem frühen 17. Jahrhundert, die heute als längste Friedensperiode in der japanischen Geschichte gilt, ging auch die Dringlichkeit der Schwertherstellung zurück, und so dürften sich die Schmiede erstmals auch der Fertigung wesentlich kleinerer Exemplare nach ähnlichen Prinzipien gewidmet haben.

In den darauffolgenden Jahrhunderten verbesserten nicht nur die Schmiede ihre Technik; Form, Größe und Beschaffenheit der Messer wurden auch zunehmend vielfältiger, um sie perfekt an ihre zugedachten Verwendungszwecke anzupassen. Gemeinsam ist ihnen aber das Grundmaterial, der verwendete Stahl: *Aogami* und *Shirogami* heißen die beiden bevorzugten Stahlsorten. Bei beiden handelt es sich um Arten von Kohlenstoffstahl, der sich grundsätzlich gut verarbeiten lässt und besonders hart ist. Daraus gefertigte Messer bleiben außerdem besonders lange scharf. Ihr großer Nachteil wird jedoch deutlich, wenn man sie nicht pfleglich behandelt: Sie sind nicht rostfrei. Lässt man ein japanisches Messer nach dem Schneiden in feuchtem Zustand liegen, bilden sich schnell Rostflecken, auch säurehaltiges Schnittgut wie Zitronen sorgen für rasche Rostbildung.

Auch aus optischen Gründen besonders begehrt sind dagegen Messer aus Dameszener- oder Damast-Stahl, die nach dem Polieren ein wellenförmiges Muster aus geschwungenen Linien aufweisen. Dieses entsteht durch die Mischung verschiedener Stahlsorten und deren wiederholtes Falten.

Noch heute werden verschiedene Messer in Japan oft in reiner Handarbeit gefertigt. Denn *Hōchō* ist nicht gleich *Hōchō* – unterschieden werden können sie aufgrund der angewandten Schmiedetechniken und der dadurch bedingten Beschaffenheit der Klinge oder auch durch ihre Form, die sich für ganz unterschiedliche Anwendungsgebiete eignet.

Japanische Messer gelten als **besonders scharf, hochwertig, perfekt** in der Handhabung – und beinahe **unzerstörbar.**

Kleine Hōchō-Kunde

Kasumi-Messer

… werden aus verschiedenen Stahlsorten gefertigt: Der Kern der Klinge besteht aus Kohlenstoffstahl, der sehr hart, aber auch spröde ist. Deshalb wird die Klinge mit einer weiteren Schicht Stahl zusammengeschmiedet, dadurch entsteht ein widerstandsfähiges und robustes Messer. Da es verschiedene Arten gibt, die Klinge zu schleifen, existieren Unterarten der *Kasumi*-Messer, deren Namenszusatz sich auf den Schliff bezieht. Die Schneide ist in fast allen Fällen beidseitig geschliffen und lässt sich auch verhältnismäßig leicht nachschleifen, wodurch das *Kasumi*-Messer inzwischen auch in vielen europäischen Küchen einen Fixplatz hat.

Honyaki-Messer

… bestehen üblicherweise aus nur einer Stahlsorte. Oft werden diese Messer nur auf einer Seite geschliffen, sie sind deshalb nicht gut für nicht im Umgang damit geübte Köche geeignet. Aufgrund des einseitigen Schliffes muss man beim Kauf auch darauf achten, ob es sich um ein Rechts- oder Linkshändermesser handelt. Der Vorgang des Schmiedens der *Honyaki*-Messer ist zudem aufwendiger und langwieriger als jener der *Kasumi*-Messer, auch bei sehr erfahrenen Schmieden kommt es bei der Herstellung dieser Messerart zu einem Ausschuss von bis zu 50 Prozent. *Honyaki*-Messer sind deshalb seltener erhältlich und wesentlich teurer als andere japanische Messer.

Santoku-Messer

Die Bezeichnung *Santoku* bezieht sich nicht auf Machart oder Material, sondern auf die Form der Messer. Oft tragen sie den Zusatz *bōchō* für Messer, wörtlich übersetzt ist das *Santoku bōchō* das „Messer der drei Tugenden". Was philosophisch klingt, bezeichnet schlicht die Eignung: Man kann damit sowohl Fisch wie auch Fleisch und Gemüse schneiden.

Erkennen kann man ein *Santoku* daran, dass der Rücken der Klinge meist eine Linie mit dem Griff bildet und die Klinge selbst etwas breiter ist und weit unter dem Griff endet, wodurch man das Messer gut halten und genau und gefahrlos damit schneiden kann.

Gyūtō-Messer

Das *Gyūtō* verfügt über eine längere, spitzere und meist etwas schmalere Klinge als das *Santoku,* gilt aber ebenfalls als Allzweckwaffe in der Küche, da sich damit sowohl Gemüse wie auch festere Produkte wie Fleisch gut schneiden lassen. Es entspricht deshalb am ehesten dem, was man in Europa als klassisches Kochmesser kennt, und gehört zu den besonders im Ausland am weitesten verbreiteten japanischen Messern.

Bunka-Messer

Die Klinge eines *Bunka*-Messers ähnelt der des *Santoku* und gilt als dessen Urform. Den augenscheinlichsten Unterschied bildet die schräg zulaufende Spitze. Auch das *Bunka* gilt als Küchen-Allrounder, eignet sich aber besser für kleineres Schnittgut, da die abgeschrägte Spitze mehr Ergonomie und damit kontrolliertes Schneiden ermöglicht.

Nakiri-Messer

Das traditionelle japanische Gemüsemesser erinnert auf den ersten Blick an ein Fleischerbeil, eignet sich aber besser zum besonders feinen Schneiden von Gemüse als zum Durchtrennen von Knochen. Sein auffälligstes Merkmal ist die rechteckige Klinge, oft mit einer leicht abgerundeten Spitze. Im Gegensatz zu seinem Verwandten *Usuba* ist es beidseitig geschliffen und deshalb für Links- und Rechtshänder gleichermaßen geeignet.

Kintsugi

Fehler oder Makel sind ein unausweichlicher Teil des Ganzen und sollen nicht versteckt, sondern anerkannt und wertgeschätzt werden.

OHNE SCHERBEN KEIN KINTSUGI

Dass Scherben Glück bringen, ist ein vor allem in Europa weit verbreiteter Aberglaube. In Japan trifft dieser Satz aber in besonderem, wenn auch etwas anderem Maße zu. Denn erst wenn ein Keramikgegenstand zerbricht, ist er für die Kunst des *Kintsugi* geeignet. Mit ihrer Hilfe wird zerstörten Gebrauchsgegenständen neues Leben eingehaucht. Und dabei spielen, wie fast immer in Japan, Tradition, Geschichte und Philosophie eine tragende Rolle.

GOLDSTAUB UND URUSHI

„Goldverbindung" ist das treffendste deutsche Wort für den Begriff *Kintsugi*, und damit wird auch der auffälligste Arbeitsschritt beschrieben. Denn beim *Kintsugi* werden zerbrochene Keramikgegenstände mithilfe eines speziellen Klebstoffes namens *Urushi* wieder zusammengefügt. Doch die Bruchlinien sollen dabei nicht möglichst unsichtbar sein, vielmehr gilt es, sie optisch hervorzuheben. Traditionell geschieht das mit Goldstaub, in moderneren Versionen werden aber auch andere Edelmetalle genutzt. Es geht also nicht darum, das Gefäß möglichst unauffällig zu reparieren, im Gegenteil: Mit der Betonung des vermeintlichen Makels wird ein ganz neuer Gegenstand daraus.

Einen seiner Ursprünge hat *Kintsugi* in der japanischen Teekultur. Diese entstand vor rund 1000 Jahren in religiösem Umfeld und erreichte schnell auch die Herrscherhäuser. Dort wurden die aufwendigen Teezeremonien mit luxuriösem Zubehör, also mit hochwertigen und teuren Utensilien, durchgeführt. Doch schon bald setzte sich eine entscheidende Philosophie durch, die nicht nur die japanische Gesellschaft, sondern auch das Teetrinken und die damit verbundenen strengen Rituale beeinflussen sollte: Gemäß den Prinzipien des *Wabi sabi* sind Schönheit und Vollkommenheit auch in einfachen Dingen zu finden. Fehler oder Makel sind demnach ein unausweichlicher Teil des Ganzen und sollen nicht versteckt, sondern anerkannt und wertgeschätzt werden. Statt prunkvollen Gefäßen darf also, erkannte man im Zuge dessen, für die Teezeremonie auch weniger kostspieliges Geschirr genutzt werden. Zur gleichen Zeit kam es zu einem Aufschwung der Raku-Keramik, die sich durch ästhetisch anspruchsvolle, aber auch sehr leicht zerbrechliche Produkte auszeichnet. Der Legende nach war es schließlich ein Shōgun, also ein hoch gestellter Samurai, der den Grundstein für das *Kintsugi* legte: Als eine seiner liebsten Teeschalen zerbrach, soll er diese zur Reparatur nach China geschickt haben. Vom Ergebnis soll er aber dermaßen enttäuscht gewesen sein, dass er japanische Handwerker anwies, sich mit einer Möglichkeit der Keramikreparatur zu beschäftigen.

Auch wenn es sich dabei tatsächlich nur um einen Mythos handeln dürfte, wurde die Nutzung von *Urushi* zum Kleben zerbrochener Keramik ab dem 16. Jahrhundert zunehmend populärer. Der natürliche Lack wird aus dem Harz des Essigbaumes hergestellt, schon vor mehreren Tausend Jahren wurden damit etwa Pfeilspitzen befestigt, nun entdeckte man auch seine Eignung für des Zusammenfügen von Scherben. Und um den so wiederhergestellten Gegenstand optisch aufzuwerten, wurden die Klebenähte mit Goldpulver bestäubt.

Kintsugi bedeutet aber nicht nur, einige Scherben wieder zusammenzukleben. Vielmehr ist es eine Methode, die Zeit, Geschick und mehrere Arbeitsschritte verlangt: Nach dem ersten Zusammenfügen der Scherben muss zunächst der Kleber aushärten. Dann werden Unregelmäßigkeiten abgeschliffen und die Bruchstellen erneut mit *Urushi* aufgefüllt. Dieser Prozess wird so oft wiederholt, bis die Oberfläche der Keramik wieder völlig glatt ist, erst mit der letzten Lackschicht wird dann der Goldstaub aufgetragen.

„Goldverbindung" ist das treffendste deutsche Wort für den Begriff Kintsugi, und damit wird auch der auffälligste Arbeitsschritt beschrieben.

NEUES LEBEN FÜR ALTES GUT

Einige Jahrhunderte lang war *Kintsugi* daraufhin die bevorzugte Methode der Keramikreparatur. Zur Anwendung kam es dabei häufig nicht nur bei besonders teuren Stücken – die Wichtigkeit der Teezeremonie wird in Japan vielfach auch durch das von Generation zu Generation weitergegebene Geschirr hervorgehoben. *Kintsugi* war also eine Möglichkeit, auch Gegenständen mit hohem sentimentalem Wert und geliebten Erbstücken ein neues Leben zu schenken.

Mit der Industrialisierung und dem Fortschreiten technischer Entwicklungen geriet die Technik in Vergessenheit, im 20. Jahrhundert wurde sie nur noch von einer Handvoll spezialisierter Handwerker beherrscht – neue Keramik zu kaufen, war vielfach schlicht billiger und einfacher, als die alten Stücke reparieren zu lassen. Erst um die Jahrtausendwende erlebte *Kintsugi* eine Renaissance – in Japan, aber auch außerhalb davon. Das dürfte einerseits an einer neu entflammten Wertschätzung für tradierte Handwerkstechniken liegen, die sich in Japan wie auch im Rest der Welt in den vergangenen Jahrzehnten entwickelt hat. Es entspricht zudem dem Trend zum *Upcycling*, also der Aufwertung vermeintlich unbrauchbar gewordener Gegenstände. Statt sich eine neue Vase zu kaufen, widmet man sich nun also lieber der Reparatur der alten. In Japan beherrschen inzwischen wieder mehr Fachleute die Kunst des *Kintsugi*, und es gibt zahlreiche Kurse für interessierte Anfänger – auch außerhalb der Landesgrenzen.

Kintsugi bedeutet nicht nur, einige *Scherben wieder zusammenzukleben.* Vielmehr ist es eine Methode, die *Zeit*, *Geschick* und *mehrere Arbeitsschritte* verlangt.

Origami

DIE KUNST DES FALTENS

Wenn aus einem einfachen Blatt Papier ohne die Zuhilfenahme von Klebstoff oder anderen Utensilien kunstvolle Gebilde werden, hat man es mit einer ganz besonderen Kunstform zu tun: Das Wort *Origami* leitet sich von *oru* für falten und *kami* für Papier ab und ist viel mehr als eine unkomplizierte Beschäftigungsmöglichkeit für Kinder und Bastler.

Schon in der Zeit rund um Christi Geburt wurde in China das Papier erfunden. Einige Jahrhunderte später gelangte es durch buddhistische Mönche nach Japan. Wie auch in seinem Ursprungsland war der neue Werkstoff zunächst teuer und aufwendig herzustellen, weshalb sein Vorkommen zunächst noch recht selten war. Schnell wurden aber die Techniken der Papierproduktion in Japan übernommen und weiterentwickelt, daraus entstand das *Washi*, handgefertigtes, dünnes Papier aus Bastfasern, das an das heute im deutschsprachigen Raum weit verbreitete Seidenpapier erinnert. Es war kostbar und kompliziert in der Herstellung, weshalb es lange Zeit ausschließlich in Herrscherhäusern und Klöstern genutzt wurde. Dort aber kam es nicht nur zur Aufzeichnung von Chroniken zum Einsatz, sondern bereits zur Gestaltung von allerlei Dekorationsmaterial sowie als Zubehör für religiöse Zeremonien. Überliefert sind etwa shintoistische Rituale, in denen speziell geformte Papierstücke eine Rolle spielten.

Als Kunstform und Freizeitbeschäftigung entdeckt wurde das Falten von Papier einige Jahrhunderte später im Lauf der Edo-Zeit. Papier war nunmehr erschwinglicher und damit nicht nur der reichen Bevölkerungsschicht vorbehalten, man gebrauchte es deshalb nun auch zu Dekorations- und Verpackungszwecken. Im späten 18. und frühen 19. Jahrhundert war es dann ein deutscher Wissenschaftler, der maßgeblich an der Verbreitung der Technik des Origami beteiligt war: Der Pädagoge Friedrich Fröbel setzte sich intensiv mit der Kindheit und ihrer Bedeutung auseinander; er gilt als Erfinder des Kindergartens. Der heute so selbstverständliche Grundgedanke, dass die Kindheit eine wichtige Lebensphase darstellt und der altersgemäße Umgang mit Kindern zu einer gesunden Entwicklung beiträgt, war die Basis seines Wirkens. Fröbel beschäftigte sich im Zuge dessen auch intensiv mit geeigneten Lern- und Beschäftigungsmöglichkeiten für Kinder und erkannte dabei rasch die Techniken des Origami als geradezu ideal; so wurde es in den von ihm gegründeten Einrichtungen gefördert. Kinder sollten dadurch unter anderem geometrische Prinzipien begreifen lernen. Sein Kindergarten-Konzept ging um die Welt und erreichte schließlich auch Japan, wo auf Geheiß des Kaisers Kindergärten nach dem Fröbel'schen Prinzip eröffnet wurden. Auf diese Weise kehrte das Origami nach Japan zurück.

Das Wort Origami leitet sich von *oru* für falten und *kami* für Papier ab.

Für einen neuerlichen weltweiten Aufschwung des Origami sorgte ab dem frühen 20. Jahrhundert Akira Yoshizawa, bis heute Japans berühmtester Origami-Meister. Und auch der umtriebigste: Er entwarf nicht nur rund 50000 Origami-Modelle, sondern auch neue Methoden wie das Nassfalten, bei dem das Papier vor dem Falten angefeuchtet wird und so die Schaffung noch komplexerer und stabilerer Gebilde erlaubt. Gemeinsam mit dem US-Amerikaner Sam Randlett entwickelte Yoshizawa außerdem ein System für Faltanleitungen, das bis heute genutzt wird. Mithilfe von durchgehenden oder gestrichelten Linien sowie Pfeilen wird mit dem Yoshizawa-Randlett-System eine Schritt-für-Schritt-Anleitung zur Faltung aller möglichen Figuren dargestellt.

Heute existieren zahlreiche Teilbereiche des Origami – beim *Kirigami* sind, anders als beim klassischen Origami, auch Einschnitte in das Papier erlaubt; das modulare Origami vereint mehrere gleichförmig gefaltete Einzelteile zu einem komplexen Gesamtgebilde; Action Origami bezeichnet das Falten von Gegenständen, die sich bewegen können. Darüber hinaus werden die Prinzipien des Origami heute auch in zahlreichen (wissenschaftlichen) Disziplinen angewandt, etwa in der Architektur, der Medizin und sogar der Raumfahrt: Teile von Raumsonden werden dabei so konstruiert, dass sie sich ohne den Einsatz von Hilfsmitteln zusammen- und wieder entfalten lassen.

Die Legende der 1000 Kraniche

Die klassischste aller Origami-Figuren ist der Kranich. Eine erste Darstellung zum Falten eines Kranichs findet sich bereits in dem japanischen Buch *Senbazuru Orikata* aus dem Jahr 1797. Auf einem Blatt Papier wurden dabei die Faltkanten mit dünnen Linien nachgezogen, wie genau und in welcher Reihenfolge das Papier aber gefaltet werden musste, blieb der Fantasie – oder dem Können – der Leser überlassen.

Der Kranich ist in Japan ein Glückssymbol, er steht für ein langes, zufriedenes Leben in Wohlstand, oft werden deshalb bei Hochzeiten oder besonderen Anlässen gefaltete Kraniche verschenkt. Und wer in Japan das Glück sucht, überlässt gemäß einer alten Tradition nichts dem Zufall: Der Brauch des *Senbazuru* sieht vor, dass eine Person 1000 Origami-Kraniche falten muss und ihr daraufhin ein Wunsch erfüllt wird.

Dass der Kranich heute überdies ein Symbol für die Anti-Atomkraft-Bewegung ist, hat eine tragische Ursprungsgeschichte: Sasaki Sadako war noch ein Kleinkind, als die Atombombe auf ihre Heimat Hiroshima fiel. Wenige Jahre später erkrankte das Mädchen infolge der Strahlung an Leukämie und begann, entsprechend dem *Senbazuru* 1000 Kraniche zu falten, um sich ihre Genesung zu wünschen. Sasaki starb, doch ihre Geschichte verbreitete sich in Windeseile in ganz Japan. Heute befindet sich in der Hiroshima-Gedenkstätte eine ihre gewidmete Kranich-Statue, Tausende gefaltete Vögel werden dort jährlich als Symbol für den Frieden und gegen den Einsatz von Atomwaffen niedergelegt.

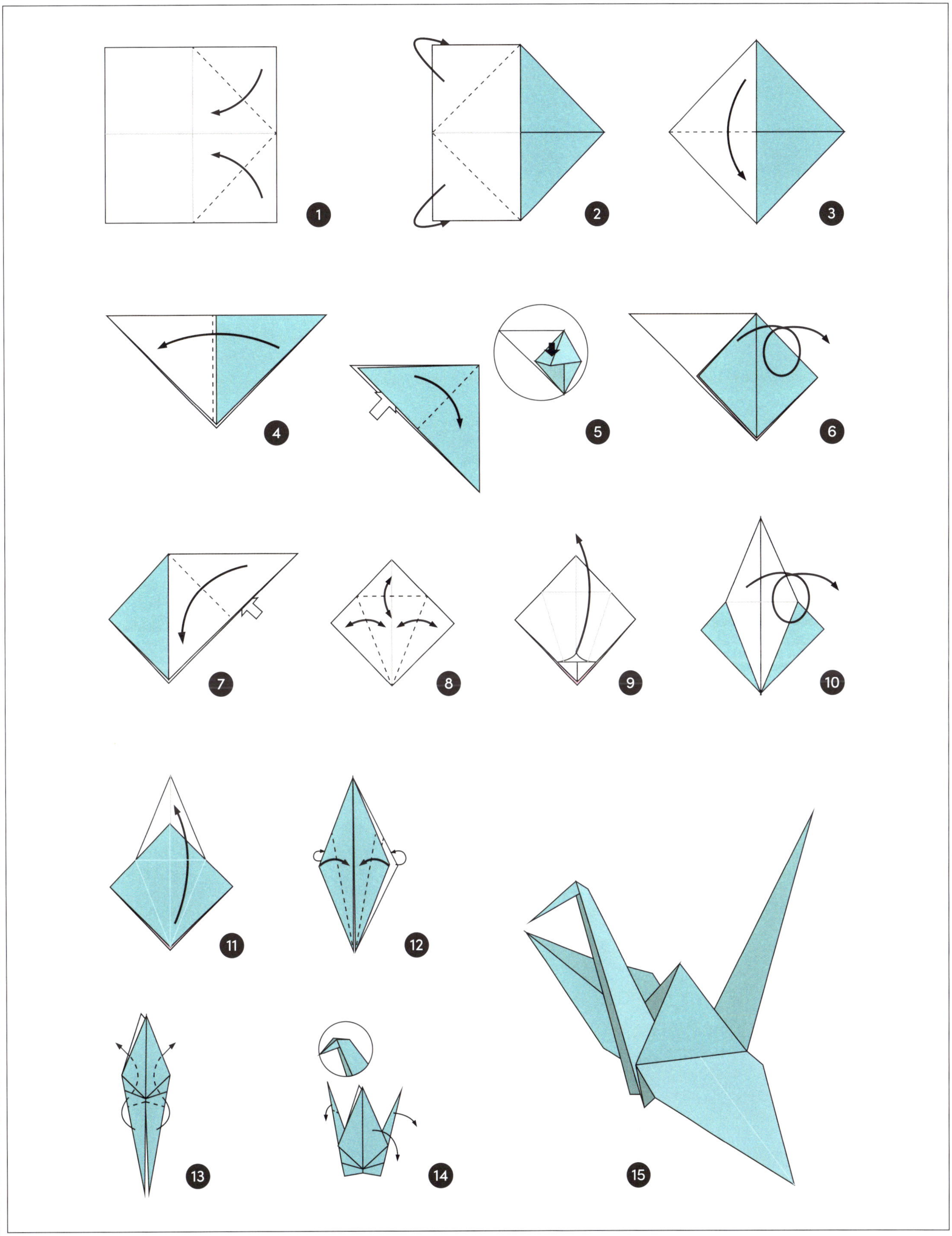
1
2
3
4
5
6
7
8
9
10
11
12
13
14
15

冨士三十六景
伊豆の山中
廣重画

Nishiki-e

FARBHOLZSCHNITT AUF JAPANISCH

„Die große Welle von Kanagawa“ heißt eines der bekanntesten Kunstwerke aus dem japanischen Raum. Auch weit entfernt von seinem Ursprungsland kennt man das Bild der in Blau- und Weißtönen dargestellten, riesigen, schäumenden Welle. Der Berg Fuji mit seiner eigentlich imposanten Höhe erscheint in der Bildmitte im Vergleich dazu als kleine Erhebung. Was aber kaum jemand weiß: Das Bild ist nur eines von insgesamt 36 aus einer Serie des Künstlers Katsushika Hokusai, der sie im Alter von 70 Jahren anfertigte – vor fast 200 Jahren. Hokusai nutzte dazu eine Technik, die schon damals integraler Bestandteil der japanischen Kunst war und diese bis heute entscheidend prägt: *Nishiki-e*, der Farbholzschnitt.

Schon seit der Erfindung des Buchdrucks wurde das Verfahren des Holzschnittes auf der ganzen Welt dazu genutzt, Bücher und Druckwerke zu illustrieren. Eine Holzplatte wird dazu zunächst zugeschnitten und dann geschliffen und geglättet, um im Anschluss auf ihrer Oberfläche mithilfe scharfer Messer im Negativverfahren ein Bild oder Muster aufzubringen – die Linien werden dabei belassen und die Leerräume rundherum weggekratzt und geschnitten. Das Bild, das später auf dem bedruckten Papier erscheint, bleibt also als erhabenes Muster auf der Holzplatte zurück.

Die Besonderheit der japanischen Methode zeigt sich in den Ergebnissen: Waren herkömmliche Holzschnitte einfarbig oder wurden die Drucke im Nachhinein per Hand ausgemalt, ermöglichte *Nishiki-e* dem Künstler schon vor geraumer Zeit, ein mehrfarbiges Motiv auf dem Papier zu gestalten. Dazu werden meist mehrere identische Druckplatten angefertigt und auf diese jeweils eine andere Farbe aufgebracht, mitunter werden auch in einem einzelnen Druckvorgang mit nur einer Druckplatte mehrere Farben gleichzeitig auf das Papier gedruckt.

Das Verfahren der Farbholzschnitte ist wesentlicher Bestandteil des *Ukiyo-e*, einem Malereistil, der im späten 17. Jahrhundert in Japan an Beliebtheit gewann. Mit dem Begriff aus dem Umfeld des Buddhismus, der übersetzt etwa „Bilder der fließenden Welt“ heißt, bezeichnete man damals im Wesentlichen Werke, die das Alltagsleben der Menschen in seinen vielen Facetten darstellten.

Schon seit der Erfindung des Buchdrucks wird das Verfahren des Holzschnittes auf der ganzen Welt genutzt.

Waren **herkömmliche Holzschnitte einfarbig** oder wurden die Drucke im Nachhinein per Hand ausgemalt, ermöglichte **Nishiki-e** dem Künstler schon vor geraumer Zeit, **ein mehrfarbiges Motiv** auf dem Papier zu gestalten.

ENTWICKLUNG DER TECHNIK

Doch die Technik der Farbholzschnitte selbst ist wesentlich älter – ab dem 8. Jahrhundert wurden damit in Japan vor allem religiöse Motive dargestellt. In der Edo-Zeit, einer der wichtigsten gesellschaftlichen, kulturellen und künstlerischen Blütezeiten des Landes, wurde sie zum ersten Mal auch zur Illustration von Druckwerken eingesetzt, vor allem in der Unterhaltungsliteratur. Zunächst handelte es sich dabei um schwarz-weiße Drucke, ab dem 17. bis 18. Jahrhundert begann die Zeit der farbigen Drucke. Damals erhielten die Werke auch ihren heutigen Namen: *Nishiki-e* bedeutet Brokatbild.

Bis ins ausgehende 18. Jahrhundert wurden auf diese Weise viele Millionen Drucke angefertigt, sowohl zur Illustration von Büchern als auch in großformatiger Ausführung als Wanddekoration. Als Material kam dasselbe Papier zum Einsatz, das auch in der Tradition des Origami eine wesentliche Rolle spielt. Das auch als „Japanpapier“ bekannte *Washi* besteht aus Bastfasern verschiedener einheimischer Baumarten, für die Verwendung in der Malerei wurden schon damals auch dickere und damit robustere Formen davon angefertigt. Die Druckfarben wurden aus pflanzlichen Stoffen angemischt, da diese jedoch meist unter Licht- und Sauerstoffeinfluss verblassen, ging man im späten 19. Jahrhundert zur Verwendung künstlich produzierter Farben über.

Unterdessen beeinflusste die Kunstrichtung des *Ukiyo-e* aber nicht nur die japanische und später zunehmend auch die internationale Malerei, auch eine andere traditionelle Kunstform wurde maßgeblich von ihr geprägt. Denn viele der Motive aus dem *Irezumi*, der traditionellen japanischen Tätowierkunst, sehen den Farbholzdrucken nicht zufällig ähnlich. Mit der steigenden Popularität der Malerei wuchs nämlich in der Edo-Zeit auch die Beliebtheit ähnlicher Bilder auf der Haut, viele in den Techniken des *Nishiki-e* Ausgebildete verdingten sich deshalb parallel auch als Tattookünstler und sorgten so dafür, dass auch dieses Handwerk eine außergewöhnliche künstlerische Aufwertung erfuhr.

Zeigten die mit Farbholzschnitten gedruckten Bilder zunächst religiöse Darstellungen und später alltagsrelevante Szenen, wurde deren Vielfalt mit der Zeit immer größer. Beliebt waren später einerseits Landschaftsbilder als auch Darstellungen von Tieren oder Pflanzen sowie Porträts berühmter oder bekannter Persönlichkeiten. Gemeinsam haben die meisten dieser Motive einige Stilmittel, die typisch für *Nishiki-e* und *Ukiyo-e* sind: Der Verzicht auf Schatten und Schattierungen sowie die Verwendung von klaren, durchgehenden Linien kennzeichnen die Darstellungen. Auffallend ist oft auch eine ungewöhnliche Perspektive, so wie sie auch auf der „Großen Welle von Kanagawa“ zu sehen ist, auf der der über 3700 Meter hohe Fuji neben der gewaltigen Welle winzig aussieht.

Nishiki-e und Ukiyo-e in der europäischen Kunst

Im späteren 19. Jahrhundert erreichten die Holzschnittbilder aus dem fernen Japan vermehrt Europa, prägten viele hier verbreitete Genres und Richtungen und einige der besten und bekanntesten Maler der Zeit. ***Vincent van Gogh*** *war einer der berühmtesten Fans der Technik und überhaupt stark geprägt von der Kunst Japans. Mit dem Begriff „Japonaiserie“ drückte er selbst seine Liebe zur fernöstlichen Kunst aus, deren Einfluss auf sein eigenes Wirken einen ihrer Ursprünge in den Werken aus dem* ***Kosmos des Ukiyo-e*** *hatte, denen er erstmals in den 1880er-Jahren begegnet sein dürfte.* ***Er selbst besaß eine Sammlung japanischer Kunst*** *und organisierte unter anderem eine sich damit befassende Ausstellung in Paris.* ***All sein Schaffen basiere auf japanischer Kunst, schrieb er in einem Brief wenige Jahre vor seinem Tod.***

Andere weltberühmte Verehrer der Kunstform, die auch selbst damit experimentierten, waren etwa ***Wasilly Kandinsky, Edvard Munch und Henri de Tolouse-Lautrec****, der sich die Technik des Holzschnittes für die Herstellung von Postern und Plakaten zu eigen machte. Geschätzt wurde sie aber auch von* ***Monet, Manet, Degas*** *und vielen anderen.*

冨嶽三十六景
神奈川沖浪裏

Shodō

VON CHINA NACH JAPAN

Wie viele andere Handwerkstechniken und Kunstformen trat einst auch *Shodō* seinen Weg von China nach Japan an. Als buddhistische japanische Mönche um das 8. Jahrhundert von ihren Reisen nach China nach Hause zurückkehrten, brachten sie auch die Techniken der Kalligrafie und deren Grundlagen und Regeln mit. Über die Jahrhunderte entwickelte sich so ein neuer Stil, der auf den Prinzipien der chinesischen Kunst fußt, dabei aber inzwischen eine ganz eigene Charakteristik aufweist.

Der „Weg des Schreibens" oder der „Weg der Schrift", wie *Shodō* ins Deutsche übersetzt heißt, ist aber mehr als die Kunst des Schönschreibens. Wie der Name bereits andeutet – die Silbe *-dō* bedeutet „Weg" und ist etwa auch in der Teezeremonie *Sadō* zu finden –, handelt es sich um eine kontemplative, meditative Tätigkeit, die nicht so sehr auf das Endergebnis fokussiert als vielmehr auf die bis dorthin benötigten Schritte. Den Weg dorthin also – *Shodō* gehört deshalb auch zu den sogenannten „Wegkünsten". Dem Künstler soll die intensive Beschäftigung mit seiner Kunst und seinem Kunstwerk einerseits innere Ruhe und Harmonie bringen und ihm gleichzeitig eine intensive Auseinandersetzung mit sich selbst und der Welt ermöglichen, die wiederum im Ergebnis sichtbar wird.

Nur die Signatur ist auf einem echten japanischen Shodō-Kunstwerk immer rot.

INDIVIDUELLE INTERPRETATION

Denn was die Werke verschiedener *Shodō*-Meister deutlich voneinander unterscheidet, ist vor allem die Umsetzung. In ihr spiegeln sich Weltanschauung, Philosophie und persönliche Gedanken des Urhebers, dieser will mit seinem Werk immer auch einen Blick in sein Inneres ermöglichen und eine Aussage über die Welt treffen. Oft wird dies mit der Interpretation eines Musikstückes verglichen: Auch zwei Musiker, die dasselbe Stück spielen, können durch ihre individuelle Technik und Herangehensweise ihre eigene Stilistik und ihre Gedanken transportieren und sich das Werk auf diese Weise aneignen. Beim *Shodō* ist es ebenso: Dieselben Worte oder derselbe Text können im Endergebnis ganz anders aussehen und die individuelle Interpretation ihres Schöpfers zur Schau stellen oder etwas über dessen Gemütszustand verraten.

Bei aller Freiheit des persönlichen Ausdrucks ist die Umsetzung des *Shodō* gleichzeitig aber an einige Regeln gebunden. Eine der wichtigsten betrifft die Reihenfolge der ausgeführten Striche. Diese muss dem Schriftzeichen entsprechen und eingehalten werden. Gemäß dem Kanji-Schriftsystem haben fast alle der möglichen Linien und Einzelstriche – es sind über 60 verschiedene – für sich keine isolierte Bedeutung, damit sie aber gemeinsam ein Schriftzeichen ergeben, ist es entscheidend, in welcher Reihenfolge sie gesetzt werden. Dieses Prinzip gilt für die „normale" Schrift genauso wie für die Kalligrafie. Wie ein Schriftzeichen zu Papier gebracht wird, ist also keineswegs willkürlich. Zudem gilt: Je weiter fortgeschritten ein *Shodō*-Künstler ist, desto seltener setzt er den Pinsel ab. Das ist auch deshalb entscheidend, weil Korrekturen nicht erlaubt sind. Nimmt während des Ausführens eines Striches oder Zeichens etwa die Deckkraft der Farbe ab, weil sich nicht genug Tusche am Pinsel befindet, darf die jeweilige Linie nicht nachgezogen werden. Wahre Meister ihres Faches kalkulieren diese Farbunterschiede mit ein und setzen sie der Bedeutung entsprechend ein.

SHODŌ-STILE

Wer japanische Kalligrafie lernen will, beginnt traditionell mit der Druckschrift *Kaisho*. Sie entspricht der europäischen Blockschrift, besteht also aus geraden und neutralen Linien, die einzeln ausgeführt werden und ohne sich verjüngende Pinselstriche auskommen. *Shodō*-Schüler lernen damit nicht nur die richtige Handhabung der Materialien, sondern auch eine gleichmäßige Linienführung und die Intensität der entsprechenden Handbewegungen. Oft wird dazu verhältnismäßig dicke Tusche mit geringerem Wasseranteil genutzt. Lernen kann man in diesem Stadium auch andere zentrale Bestandteile der Technik, etwa die richtige Haltung beim Arbeiten, aber auch der Atemrhythmus gilt als entscheidend und will gelernt sein.

Der zweite Schritt ist die halbkursive Form *Gyosho*. Sie entspricht der deutschen Schreibschrift und sollte in möglichst flüssigen Bewegungen ausgeführt werden; der Pinsel wird dabei nur an wenigen, genau definierten Stellen abgesetzt. Die einzelnen Linien verbinden sich so in End- und Anfangspunkten miteinander, die Kenntnis über ihre korrekte Reihenfolge ist auch deshalb unumgänglich.

Die Kursivschrift *Shosho* schließlich beherrschen nur fortgeschrittene Kalligrafen, denn hier muss jedes Schriftzeichen in einer einzigen fließenden Bewegung zu Papier gebracht werden. Das führt dazu, dass manche Zeichen in stilisierter Darstellung erscheinen und oftmals auch für Japaner schwer zu lesen sind, gleichzeitig gilt *Shosho* als einer der künstlerischsten und ästhetisch ansprechendsten Kalligrafiestile.

DER WEG ZUR KALLIGRAFIE

Auch *Shodō* zeichnet sich, wie viele andere traditionelle japanische Techniken, durch die Einfachheit der verwendeten Materialien aus, mit deren Hilfe dann erst durch viel Übung und Hintergrundwissen komplexe Kunstwerke entstehen. Um sich selbst in Kalligrafie zu üben, braucht es lediglich einen geeigneten Pinsel, Tusche und Papier – wichtig ist dabei aber, auf die Qualität des Materials zu achten.

Spezielle Kalligrafiepinsel (*Fude*) sind wie auch Malereipinsel in unterschiedlichen Stärken erhältlich, traditionell bestehen sie aus einem Bambusstift und spitz zulaufenden Tier-, meist Ziegenhaaren, die die Farbe besonders gut aufnehmen.

Die Tusche (*Sumi*) ist zwar heutzutage auch in flüssiger Form erhältlich, traditionell wird aber ein fester, länglicher Tuscheblock benutzt, der auf einem eigens dafür gefertigten *Suzuri*, einem Reibstein, mit Wasser angemischt wird. Schon dieser Vorgang ist ein wichtiger Bestandteil der Entstehung einer Kalligrafie, denn er braucht Zeit, Geduld und Übung und trägt so nicht nur zur meditativen Kraft des Handwerks bei, sondern sorgt auch für Unterschiede im fertigen Ergebnis: Jeder *Shodō*-Meister mischt seine eigene Tusche in der bevorzugten Konsistenz und Deckkraft. Während sich die japanische Kalligrafie auf den Einsatz schwarzer Tusche aus Rußpartikeln beschränkt, sind in China und anderen Ländern unterschiedliche Farben erlaubt. Nur die Signatur ist auf einem echten japanischen *Shodō*-Kunstwerk immer rot. Sie wird meist am unteren Bildrand mit einem eigens angefertigten Stempel aufgetragen und enthält den Namen oder das Pseudonym des Künstlers.

Aufgetragen wird die Tusche auf *Washi*. Das besonders dünne Papier kommt auch in diversen anderen traditionellen Künsten zum Einsatz. Es hat eine glatte und eine raue Seite, für die Kalligrafie kommt die glatte zum Einsatz, da sie flüssigere Pinselschwünge erlaubt und die Farbe besonders gut aufnimmt.

Der Künstler will mit seinem Werk immer auch einen *Blick in sein Inneres ermöglichen* und *eine Aussage über die Welt* treffen.

Daisugi

NACHHALTIGE HOLZGEWINNUNG

Not macht erfinderisch – es ist wohl auch diesem Grundsatz zu verdanken, dass im 14. Jahrhundert in Japan eine ganz und gar außergewöhnliche Form der Holzgewinnung erfunden und in den darauffolgenden Jahrhunderten kultiviert wurde.

Das Land befand sich in der heute als Muromachi-Zeit bekannten Periode, die von einem fast 100 Jahre andauernden Kriegszustand, aber auch von zahlreichen Neuerungen geprägt war. Der Zen-Buddhismus wurde populärer, und mit ihm auch gesellschaftliche und kulturelle Traditionen, die bis heute im Land eine wichtige Rolle spielen. Eine davon war die Teezeremonie *Sadō*, die von den Herrscherhäusern aus zunehmend auch die einfache Bevölkerung erreichte. Ein wichtiger Eckpfeiler im Abhalten einer solchen Zeremonie waren und sind die Teehäuser: einfache, aus Holz gefertigte Bauwerke. Sie dürften einst dafür gesorgt haben, dass der Bedarf an Bauholz sprunghaft anstieg und man sich deshalb einer neuen Art der Holzwirtschaft widmete, die größere, schnell nachwachsende Erträge auf relativ kleinem Raum möglich machte: *Daisugi*.

Die Besonderheit dieser Art der Holzgewinnung klingt zuerst paradox: Sie erlaubt es, Holz zu produzieren, ohne Bäume zu fällen. Das macht sie zu einer besonders nachhaltigen Form des Forstbetriebes sowie zu einer, die in kleinen Wäldern einen beständigen Nachschub des Rohstoffes garantiert.

Übersetzt bedeutet *Daisugi* Plattformzeder oder Zedernplattform und ist damit nach jener Baumart benannt, um die sich alles dreht. Doch nicht nur die Zedern selbst sind außergewöhnlich, sondern vor allem ihr Wuchs. Der Startpunkt eines *Daisugi*-Baumes ist der sogenannte Mutterbaum, eine Zeder der ersten Generation, die die namensgebende „Plattform" bildet. Mit einer speziellen Beschnitttechnik werden die Äste dieses Baumes nach fünf bis sechs Jahren Wuchs bearbeitet, zugeschnitten und ausgedünnt, sodass nur wenige, besonders gleichmäßig senkrecht gewachsene Äste übrig bleiben. Diese haben dann freie Bahn, um in beeindruckendem Tempo kerzengerade in die Höhe zu sprießen – für Laien sieht es so aus, als würden auf dem Mutterbaum weitere Bäume wachsen. Diese baumförmigen Äste können bereits nach zehn bis zwanzig Jahren geerntet werden, während parallel dazu weitere Äste, also die Bäume der dritten oder vierten Generation, heranwachsen. Ein einziger Mutterbaum produziert so im Laufe seines mehrere Jahrhunderte dauernden Lebens zahlreiche, immer wieder nachwachsende Stämme.

Die Besonderheit dieser Art der **Holzgewinnung** klingt zuerst paradox: Sie erlaubt es, Holz zu produzieren, **ohne Bäume zu fällen.**

UNGEWÖHNLICHE FORSTWIRTSCHAFT

Ihren Ursprung hat die Technik des *Daisugi* in den Wäldern rund um die nahe der einstigen Hauptstadt Kyoto gelegene Stadt Kitayama. Die Landschaft ist hier gebirgig, steil und schwer zugänglich, weshalb herkömmliche Forstwirtschaft eine schier unlösbare Herausforderung war. Doch schon vor Hunderten Jahren wuchs in den Wäldern die besondere Zedernart mit ihren auffallend geraden Stämmen und dem wegen seiner glatten, homogenen Beschaffenheit beliebten Holz. Und weil dieses so gefragt war, experimentierte man mit Möglichkeiten, die geringe Waldfläche trotzdem möglichst ertragreich zu bewirtschaften, ohne dabei kompletten Kahlschlag betreiben zu müssen – und stieß auf die aus dem Bonsai-Baumschnitt bekannte Technik des *Daisugi*.

Die Vorteile liegen auf der Hand: Wälder müssen nicht gerodet werden, um Holz als Baustoff zu gewinnen; wo andernorts ein einziger Baum heranwächst, der dann irgendwann gefällt wird, sind es in diesem Fall auf derselben Fläche zahlreiche Exemplare. Es handelt sich deshalb um die wohl nachhaltigste Form der Waldbewirtschaftung, umso erstaunlicher, dass sie heute auch in Japan nur noch sehr selten zum Einsatz kommt. Das liegt vor allem an der aufwendigen Technik – die Mutterbäume müssen per Hand und zum idealen Zeitpunkt beschnitten werden. Ein Vorgang, der Fachwissen, Erfahrung und nicht zuletzt Gefühl verlangt. Weil die Wälder schwer zugänglich sind, müssen die Arbeiter den Weg zu jedem einzelnen Baum meist zu Fuß durch mehr oder weniger unwegsames Gelände auf sich nehmen und das geerntete Holz dann auch auf demselben Weg wieder aus dem Wald transportieren. Die dadurch entstehenden höheren Kosten können nicht mit billig und umweltschädlich produziertem Holz mithalten. Heute sieht man *Daisugi* deshalb meist in Parks oder auf Zierflächen – mit Ausnahme des ursprünglichen Herkunftsortes. Vor allem rund um Kyoto und in den Wäldern von Kitayama wird *Daisugi* auch heute noch zur Holzgewinnung angewandt.

DIE JAPANISCHE ZEDER

Die auch als Sicheltanne bekannte Japanische Zeder ist ein Zypressengewächs, das in Japan und China etwa denselben Status hat wie die Fichte in Mitteleuropa. Ihren Namen verdankt der immergrüne Baum seinen sichelförmig gebogenen Nadeln. Bäume dieser Art werden in der Forstwirtschaft Asiens für ihren raschen Wuchs geschätzt, im Jahr gewinnt eine Sicheltanne bis zu 80 Zentimeter Höhe, Bäume mit über 50 bis 60 Metern sind deshalb im asiatischen Raum keine Seltenheit. Zudem gilt sie als kälteresistent und sehr robust, weshalb sie auch in der Bonsaikultur geschätzt wird.

Der gerade Wuchs der Sicheltanne ist der entscheidende Faktor, der sie zum idealen Kandidaten für das *Daisugi* macht, das helle, leicht schimmernde Holz zu einem gefragten Baumaterial. Und die *Daisugi*-Technik sorgt für eine weitere Besonderheit: Durch das ständige Beschneiden der Stämme aus den Folgegenerationen weisen diese keine Astlöcher auf, das Holz ist also gleichmäßig und glatt. Auch der in der Forstwirtschaft geltende Grundsatz „Je schneller der Wuchs, desto weicher das Holz" trifft für die Sicheltanne nicht zu. Es handelt sich trotz der rasanten Wuchsgeschwindigkeit um sehr hartes Holz, das sich ideal als Baumaterial eignet.

Bei der Ernte der Stämme fällt aber neben hochwertigem Holz noch ein weiteres Produkt ab, das sich in Japan großer Beliebtheit erfreut: Sugi-Öl heißt das japanische Zedernöl, das aus der Destillation der bei der Holzgewinnung entfernten Nadeln hergestellt wird. Ihm wird entspannende und beruhigende Wirkung nachgesagt, weshalb es vor allem in der Aromatherapie geschätzt wird.

Jōmon-Sugi

***Sicheltannen** können ein fast unglaubliches Alter erreichen. In den späten 60er-Jahren entdeckte man auf der Insel Yakushima auf über 1300 Meter Höhe eine Sicheltanne, die Jōmon-Sugi genannt wurde. Analysen der Äste zeigten, dass sie mindestens **2000 Jahre alt** ist, Schätzungen gehen gar von einem mehr als dreimal so hohen Alter aus. So oder so handelt es sich um die älteste (bekannte) Japanische Zeder. Sollten die Schätzungen stimmen, die Jōmon-Sugi auf bis zu 7000 Jahre schätzen, könnte sie sogar einer der **ältesten noch lebenden Bäume der Welt** sein. Ihr und ihren Artgenossen ist es jedenfalls zu verdanken, dass heute fast die Hälfte der Inselfläche **geschütztes Nationalpark-Gebiet** ist.*

京
藤原

Bewegen & Ruhen

84 Jahre. So alt wird jeder Bewohner und jede Bewohnerin Japans im Durchschnitt, es ist das Land mit der dritthöchsten Lebenserwartung der Welt. Zum Vergleich: Deutsche werden derzeit im Schnitt etwa 78 Jahre alt.

Es gibt mehrere Erklärungen für das hohe Alter der Japaner: Die extrem hohen herrschenden Standards in Hygiene, aber auch Wissenschaft und Forschung tragen entscheidend dazu bei, aber auch die landestypische Ernährung. Ein anderer Grund liegt im Lebensstil, und der ist in Japan unter anderem von zwei Dingen geprägt: sportlicher Betätigung auf der einen und die Fähigkeit zur Kontemplation und inneren Ruhe, etwa durch Meditation, auf der anderen Seite. Beides spielt in der japanischen Kultur seit jeher eine tragende Rolle.

Während sich auch moderne Mannschaftssportarten von Baseball bis Fußball in Japan ab dem späten 20. Jahrhundert wachsender Beliebtheit erfreuten, wurzeln die traditionellen Wege der körperlichen Ertüchtigung in der bewegten Geschichte des Landes, die jahrhundertelang von zahlreichen kriegerischen Auseinandersetzungen geprägt war. Ab dem frühen 17. Jahrhundert begann die Edo-Zeit und damit eine lange Friedensperiode, in der die Samurai und Krieger damit begannen, ihre erlernten Kampftechniken nicht länger in der direkten Konfrontation umzusetzen, sondern sie stattdessen zu perfektionieren und für den eigenen Geist zu nutzen. Budō lautet der Sammelbegriff für die japanischen Kampfkünste, deren präzise Bewegungen heute vor allem die Einheit von Körper und Geist zum Ziel hat. Ihre Perfektionierung erfordert jahre- und jahrzehntelange Übung, und wer so hart trainiert, der findet auch kreative Wege, dem beanspruchten Körper – und dem fokussierten Kopf – eine wohltuende Pause zu gönnen.

Jūdō

DER SANFTE WEG

Mehr als 60 Sportarten sind es, die zusammen *Budō* bilden, den „Weg des Kampfes“. So unterschiedlich die unter diesem Begriff zusammengefassten Kampfkünste in der Ausführung und den Regeln sind, so ähnlich sind sie sich in ihrem übergeordneten Ziel: Die Perfektionierung der Technik geht einher mit der inneren Beschäftigung damit. Wie auch im Fall von *Sadō*, der Teezeremonie, oder der Kalligrafiekunst *Shandō* ist dieses Prinzip bereits in der Bezeichnung zu finden: Die Silbe *-dō* für „Weg“ zeigt, dass es sich um einen Gegenstand handelt, der mit einer philosophischen Lehre verknüpft ist.

Judo ist neben Karate das wohl bekannteste und weltweit am meisten praktizierte Teilgebiet des *Budō*, und schon die deutsche Übersetzung „sanfter Weg“ beweist, dass es sich dabei per Definition nicht um einen brachialen Kampfstil handelt. Denn erfunden wurde es im späten 19. Jahrhundert von dem Pädagogen Jigorō Kanō, und der hatte sich zum Ziel gesetzt, gewisse Techniken des Jiu-Jitsu zu modernisieren und sie auf eine Art einzusetzen, die nicht auf das Verletzen oder gar Töten des Gegners fokussierten.

BASISWISSEN DER SAMURAI

Jiu-Jitsu gehörte noch in den vorangegangenen Jahrhunderten zum Basiswissen jedes Samurai – die Kampftechnik soll den Gegner ohne die Zuhilfenahme von Waffen unschädlich machen. Dieses Grundprinzip erklärt sich im strengen Moralkodex der Samurai: Waffeneinsatz gegen einen Unbewaffneten galt als ehrenlos; das Tragen des Schwertes war in vielen gesellschaftlichen Zusammenhängen, etwa am Hof des Shōguns, bei Strafe verboten. Gleichzeitig war es auch Bürgern nicht erlaubt, Waffen zu tragen und sich mit diesen zu verteidigen. So kam es zu einer intensiven und über mehrere Jahrhunderte anhaltenden Perfektionierung des Jiu-Jitsu, die bald an zahlreichen Schulen und in verschiedenen Stilen, den sogenannten *Ryu*, unterrichtet und eingesetzt wurde. Mit dem Ende der Samurai kam das Ende der Kampfkunst – sie geriet auch in ihrem Ursprungsland in Vergessenheit und wurde im späten 19. Jahrhundert nur noch an einer Handvoll Schulen praktiziert und unterrichtet – bis sie von Jigorō Kanō wiederentdeckt wurde.

> Budō lautet der Sammelbegriff für die *japanischen Kampfkünste*, deren präzise Bewegungen heute vor allem *die Einheit von Körper und Geist* zum Ziel hat.

Der Legende nach wurde Kanō schon als Kind und auch später an der Universität gehänselt und machte sich deshalb auf die Suche nach einer Technik, wie er sich gegen die Schikanen und Angriffe seiner ihm körperlich überlegenen Peiniger wehren konnte. Er fand schließlich eine der letzten noch praktizierenden Jiu-Jitsu-Schulen und erwies sich als Naturtalent, nach fünf Jahren intensiven Trainings – und der parallelen Beschäftigung mit westlicher wie auch fernöstlicher Philosophie – eröffnete er seine eigene Schule, die *Kodokan*. Dort lehrte er von nun an den neuen Kampfstil, den er *Jūdō* nannte, der manche übermäßig gewaltsame Techniken des Jiu-Jitsu ausklammerte und sich dafür umso intensiver mit der inneren Kraft jedes Praktizierenden auseinandersetzte. Eine andere wichtige Säule galt der Sicherheit – Judo-Einsteiger lernen deshalb seit jeher zuerst das richtige Fallen und Abrollen. Trotzdem ließ der Erfolg auf sich warten: In den ersten Jahren zählte die *Kodokan* gerade einmal neun Mitglieder.

Doch das änderte sich schließlich, als erkannt wurde, dass Judo nicht nur eine Kampf- und Selbstverteidigungstechnik ist, sondern vor allem auch intensive sportliche Betätigung verspricht. Kanō propagierte seinen Stil deshalb bald als moderne Art der Leibeserziehung, die Körper und Geist stärkt und so auch die Ausbildung des Charakters fördert. Er setzte sich schließlich durch: Bald war Judo Teil der Ausbildung der japanischen Armee und Polizei und wurde ab dem beginnenden 20. Jahrhundert zum Pflichtfach an Schulen. Damit war es wieder in der Mitte der Gesellschaft angekommen und hatte sich von der reinen Kampftechnik zu einer komplexen Sportart gewandelt.

GRUNDPRINZIPIEN DES JUDO

Heute wird Judo in über 140 Ländern weltweit praktiziert. Das Prinzip, dass es sich um eine Körper und Charakter formende und stärkende Praktik handelt, steht dabei nach wie vor im Mittelpunkt der verschiedenen *Ryu*. Zwei Grundsäulen sind seit Jigorō Kanō zentral:

Sei-ryoku-zen-yo wird mit dem „besten Einsatz der Körper- und Geisteskraft" übersetzt. Damit wird die technische Seite des Sportes beschrieben und die Wichtigkeit von intensivem regelmäßigem Training mit einem Gegenüber unterstrichen. Es geht also um das Erlernen von Techniken, die den gezielten und bestmöglichen Einsatz aller zur Verfügung stehenden Kräfte ermöglichen. Physische Stärke oder reine Muskelkraft ist dabei allerdings zweitrangig, denn gemäß Kanōs Idee soll im Judo auch das „Siegen durch Nachgeben" eine Rolle spielen. „Nachgeben" bedeutet dabei aber nicht Aufgeben, sondern die Möglichkeit, den Gegner durch das Wechselspiel von Kräfteeinsatz und -entzug zu Fall zu bringen. Das erfordert vor allem Körperspannung, Flexibilität, Intelligenz und blitzschnelle Reaktion.

Ji-tay-kyo-ei beschäftigt sich mit der moralischen Seite des Sportes und wird oft als „Harmonieprinzip" beschrieben. Es beschreibt das „gegenseitige Helfen zum Wohlergehen" und damit Kanōs Grundsatz, dass Judo nicht in erster Linie dazu da ist, den Gegner zu verletzen, sondern dass es auch im Kampfsport um einen respektvollen Umgang miteinander geht, damit alle Beteiligten sich weiterentwickeln und verbessern können. Dieses Prinzip soll auch auf das Leben „außerhalb" des Kampfsportes übertragen werden.

Kampfkunst in Perfektion:

Kyū und Dan

Seit Jigorō Kanō lassen sich die Meistergrade vieler Budō-*Disziplinen an der Kleidung der Sportler ablesen – die Farbe des Gürtels gibt Aufschluss darüber, auf welcher Stufe er sich befindet. Als Schüler verbessert man sich entlang der* Kyū-*Grade, Meister besitzen* Dan-*Grade. Während bei* Kyū *abwärtsgezählt wird, ist die Reihenfolge der* Dan-*Grade aufsteigend beziffert, als Ergänzung dienen in beiden Fällen die Gürtel. Ein Anfänger beginnt also mit dem 9.* Kyū *und einem weißen Gürtel und arbeitet sich bis zum 1.* Kyū *und dem braunen Gürtel voran. Erst dann darf er sich an das Erklimmen der* Dan-*Stufen wagen. Einen vollendeten Meister erkennt man am roten Gürtel und dem Grad des 10.* Dan. *Aufgrund der Vielzahl an verschiedenen Judo-Stilen und -Schulen ist diese Einteilung jedoch heute nicht einheitlich und unterscheidet sich auch von Land zu Land. Manche Schulen kennen dazu Zwischenstufen, andere orientieren sich nach wie vor an der ursprünglichen Einteilung.*

Bushidō

Der Weg des Kriegers

Seit der Zeit der Samurai gilt für Krieger und Kampfsportler ein strenger Verhaltenskodex. Bushidō, *also der Weg des Kriegers, setzt sich zusammen aus diversen philosophischen Prinzipien und geistigen Strömungen. In seinem Zentrum stehen sieben Werte, die jeder Krieger verinnerlicht haben muss und die auch in seinen Charakter und damit sein Leben außerhalb des Kampfes einfließen sollen. Noch heute sind diese sieben Tugenden in den Disziplinen des* Budō *zentral:*

Gi – AUFRICHTIGKEIT, GERECHTIGKEIT

Yu – MUT

Jin – GÜTE

Rei – HÖFLICHKEIT

Makoto – WAHRHEIT

Meiyo – EHRE

Chu – TREUE, LOYALITÄT

Kenjutsu

Zwar sind die waffenlosen Kampftechniken des *Budō* in Japan weit verbreitet, aus historischer Sicht ist aber der Kampf mit Hilfsmitteln wesentlich bedeutsamer. *Kenjutsu* bezeichnet auch in der wörtlichen Übersetzung die Schwertkunst und wird heute als Begriff für die Gesamtheit der traditionellen Fechtdisziplinen genutzt. Ihre Entwicklung steht in enger Verbindung mit jener der Samurai – vor rund 150 Jahren verschwanden die legendären Krieger, in den Jahrhunderten davor aber bestimmten sie nicht nur Japans Kriege, sondern auch seine Politik, seine Gesellschaft und seine Kampftechniken. So bewirkte das Waffenmonopol, das ihnen im 12. Jahrhundert zugestanden wurde, den gesellschaftlichen Aufstieg der Samurai, aber auch jenen der Schmiede, ihrer Erzeugnisse und der Kampfkunst selbst. Das Schwert war nun viel mehr als eine Waffe, es galt wie ein verlängerter Arm als Teil des Kriegers, der dieses auch wie eine Gliedmaße zu beherrschen hatte.

In seiner modernen Interpretation gehört dies noch stärker zu den zentralen Prinzipien des *Kenjutsu*, das zum Ziel hat, einen Zustand zu erreichen, in dem Körper, Geist und Schwert des Kämpfenden zu einer Einheit werden. Das Training der genau definierten Schritte und Bewegungen, aber auch die Verinnerlichung der zentralen Tugenden und Werte, sind wesentlicher Bestandteil des Schwertkampfes, der in zwei Teilbereiche gegliedert wird: *Kendō* und *Iaidō*, wörtlich der „Weg des Schwertes" und der „Weg des Schwertziehens". In beiden Fällen zeigt die Silbe *-dō* für „Weg" an, dass es sich um eine mit geistigen und philosophischen Themen unterfütterte Kunst handelt, die den Ausführenden auch in seiner persönlichen und moralischen Entwicklung betrifft und ihn etwa Entschlossenheit, Mut und Präzision lehren soll.

Kendō, der „Weg des Schwertes", lehrt **Entschlossenheit, Mut und Präzision.**

Kendōka, also Schwertkämpfer, lernen im Rahmen des *Kendō* diverse Übungen und Techniken, die sich mit dem Führen der Waffe befassen und dabei strengen Regeln zu folgen haben. Beim *Iaidō* dagegen geht es um eine ganz bestimmte Technik, die beim Ziehen des Schwertes aus der Scheide angewandt wird und diese Bewegung bereits als Teil des Kampfes begreift.

DIE SAMURAI

Einst waren die Vorfahren der Samurai großteils einfache Bauern, die durch die Wehrpflicht in den Krieg gezwungen worden waren, was sich auch an ihren bestenfalls mittelmäßigen Kampfkünsten zeigte. Im 8. Jahrhundert entschloss sich der Kaiser deshalb, stattdessen ein Berufsheer aus erfahrenen Kämpfern aufzubauen. Gleichzeitig gab es aber im ganzen Land so viele große und kleine Konflikte, und die Zahl der Soldaten war gering, weshalb besonders in den abgelegenen Regionen eigene Milizen und Kampfgruppen für Recht und Ordnung sorgten. Diese Kämpfer waren gut ausgebildet und äußerst erfolgreich, was schließlich auch dem Kaiser zu Ohren kam, der die mutigen Krieger an seinen Hof holte. So formierte sich nach und nach ein beachtliches Heer aus gut bezahlten Söldnern – mit dem so entstandenen Schwertadel begann die eigentliche Geschichte der Samurai.

Diese hatten von Beginn an eine Vielzahl an Aufgaben: Einerseits waren sie für den Schutz des Kaisers und seiner Familie zuständig und wurden eingesetzt, die Besitztümer des Adels wie auch das japanische Territorium zu verteidigen, andererseits gehörte es bald auch zu ihren Aufgaben, die Verwaltung der Provinzen zu steuern. Die Einführung des Shogunats erhob die Samurai im späten 12. Jahrhundert endgültig zur herrschenden Gesellschaftsschicht: Die wichtigsten Mitglieder einer Militäraristokratie sind die besten und ranghöchsten Krieger. Und sie waren vielbeschäftigt: Bis ins frühe 17. Jahrhundert war Japan in eine Reihe von Kriegen involviert, die Samurai genossen den Respekt der Bevölkerung, der Herrscher und zahlreiche Privilegien, die ihren Status weiter festigten – über Jahrhunderte oblag ihnen ein Waffenmonopol, sie waren also die einzigen Bewohner Japans, denen das Tragen einer Waffe erlaubt war.

Mit Anbruch der Edo-Zeit verlor sich ihre Bedeutung, denn die Periode war bestimmt vom lange ersehnten Frieden, der im Land endlich herrschte. Das endgültige Ende der Samurai kam aber erst im 19. Jahrhundert. Nach Jahrhunderten der Abschottung vom Rest der Welt wollte sich Japan nun auch dem Ausland öffnen, die furchterregenden Samurai galten dabei eher als Hindernis. Die Industrialisierung sorgte indes für einen Modernisierungsschub, der auch in der Gesellschaft zu spüren war. Und so verbot Kaiser Meiji 1868 den Samurai das Tragen von Waffen und ihrer traditionellen Kleidung und führte die Wehrpflicht wieder ein. Die Samurai waren damit aus der Öffentlichkeit verbannt und ihre militärischen Dienste nicht länger benötigt. Versuchter Widerstand der Männer, die nun ohne Einkommen und Lebensgrundlage dastanden, wurde niedergeschlagen. 1877 ging, nach dem letzten Aufstand, die Ära der Samurai zu Ende.

DIE KUNST DES SCHMIEDENS: KATANA

Lange vor dem Aufstieg der Samurai war das Schwertschmieden in Japan bereits eine anerkannte Handwerksdisziplin: Archäologische Funde belegen, dass bereits um das 4. Jahrhundert Schwerter nach aus China überlieferten Techniken angefertigt wurden. Zunächst wurden sie vor allem zu Selbstverteidigungszwecken und zur Dekoration genutzt. Auch später noch galt das Ausstellen reich verzierter Schwerter im Haus als Zeichen von Wohlstand.

Das Langschwert *Katana* entwickelte sich im 14. Jahrhundert aus dem bis dahin genutzten *Tachi* und galt fortan als ständiger Begleiter der Samurai. Diese ließen ihre Schwerter der Legende nach nie aus den Augen und schliefen sogar mit der Waffe an ihrer Seite. Anders als jene Schwerter, die zur selben Zeit im europäischen Raum benutzt wurden, ist die lange Klinge eines *Katana* eher schmal und säbelförmig gebogen. Bis heute wird es aus Stahl gefertigt, der durch die lange und intensive Bearbeitung – die Fertigstellung eines hochwertigen *Katana* kann mehrere Wochen dauern – besonders hart und widerstandsfähig ist, der unterschiedliche Schliff der beiden Seiten der Schneide sorgt, ähnlich wie bei einem Messer, dafür, dass sie besonders scharf ist. *Katanas* waren auch deshalb berüchtigt dafür, sogar bei kleiner Berührung verheerende Wunden zu hinterlassen.

Onsen

Regelmäßige Entspannung und dabei Körper sowie Geist eine Pause zu gönnen, damit sie zur Ruhe kommen können, ist in Japan viel mehr als nur eine schöne Idee: Im ganzen Land gibt es um die 4000 Badehäuser, die in *Sentō* und *Onsen* unterschieden werden. Erstere bezeichnen Gebäude in städtischer Umgebung, während *Onsen* wörtlich für „heiße Quelle" steht. Japan liegt fast vollständig auf äußerst aktivem vulkanischem Gebiet, was dazu führt, dass vielerorts heißes, nährstoffreiches Wasser aus dem Boden sprudelt. Mitunter zeigen sich diese „natürlichen Badewannen" als kleine, unverbaute Heißwasserteiche in freier Natur, die meisten von ihnen befinden sich jedoch in eigens für das gemeinsame Baden errichteten Anlagen, die das Wasser aus dem Boden in die errichteten Innen- oder Außenbecken leiten.

Dass die Gebäude der *Sentō* und *Onsen* oft buddhistischen Tempeln ähneln, ist kein Zufall: Die japanische Badekultur hat viel mit der Verbreitung des Buddhismus im Land zu tun, der vor weit über 1000 Jahren an Popularität gewann. Wie in vielen anderen Religionen und Glaubensrichtungen steht das Wasser symbolisch für die innere Reinigung und Neuausrichtung. Mit der wachsenden Popularität des Buddhismus wurde deshalb auch die Badekultur populärer. Die ältesten noch aktiven *Onsen* des Landes sind mehrere Hundert Jahre alt und wurden schon damals für ihre heilende und entspannende Wirkung geschätzt. Doch sie wurden auch aus ganz praktischen Gründen regelmäßig besucht: Heute verfügen die meisten Häuser und Wohnanlagen über einen eigenen Wasseranschluss, doch einst bot ein *Onsen*-Besuch deshalb die einzige Möglichkeit zur ausgiebigen Körperpflege. Zusätzlich waren im *Onsen* viele gesellschaftliche Schranken außer Kraft gesetzt, waschen muss sich schließlich jeder, unabhängig von Wohlstand oder sozialem Status.

Heute sind manche *Onsen* Teil durchaus luxuriöser Wellness-Hotels, immer noch gibt es aber auch zahlreiche ursprüngliche und traditionell gestaltete Bademöglichkeiten. Ein Besuch ist natürlich auch Touristen gestattet, die sich aber vorher mit den Gepflogenheiten vertraut machen sollten.

Traditionelle *Onsen* befinden sich in ländlichen Gebieten und bestehen meist aus einem oder mehreren Becken, in die das Warmwasser aus dem Boden geleitet wird. Üblicherweise sind die Bereiche heute nach Geschlechtern getrennt, denn gebadet wird nackt. Nur wenige neuere *Onsen* erlauben den Zutritt mit Badekleidung. Wer in einer gemischtgeschlechtlichen Gruppe gemeinsam baden möchte, hält nach einem *Konyoku* Ausschau – früher gab es keine Geschlechtertrennung und diese ältere Form der *Onsen* erlaubt auch heute noch gemeinsames Baden von Männern und Frauen.

Mitunter zeigen sich Onsen, „natürliche Badewannen", als kleine, unverbaute Heißwasserteiche in freier Natur.

Wie in vielen anderen Religionen und Glaubensrichtungen ist das **Wasser** hier nicht nur praktisches **Hilfsmittel zur Reinigung**, sondern steht auch symbolisch für die **innere Reinigung und Neuausrichtung**.

SENTŌ

Während es sich bei *Onsen* um jene Badehäuser handelt, die sich in freier Natur befinden und deshalb auch über Außenbecken verfügen, bezeichnet man städtische Badehäuser als *Sentō*. Diese verfügen meist über keine natürlichen heißen Quellen, das Wasser wird also künstlich erhitzt und muss ohne die gesundheitsfördernden Inhaltsstoffe des Thermalwassers auskommen. Trotzdem sind die *Sentō*-Badehäuser unter Einheimischen beliebt, oft werden sie heutzutage auch mit anderen Wellness-Einrichtungen wie Saunen oder Dampfbädern kombiniert und mit großflächigen Landschaftsbildern an den Wänden dekoriert, um das Fehlen der umliegenden Natur zumindest ein wenig auszugleichen. Ein Besuch im *Sentō* gilt deshalb als willkommene Abwechslung zu Hektik und Stress in der Großstadt.

WIE ONSEN DER GESUNDHEIT HELFEN

Das Baden in heißem Wasser ist nicht nur gut für Geist und Seele, es hat zahlreiche positive Effekte auf den Körper, die inzwischen auch wissenschaftlich belegt sind. Das mineralhaltige Wasser wirkt beruhigend auf die Atemwege und hilft deshalb bei Erkrankungen der Atemwege wie Asthma. Die Temperatur – die meisten *Onsen*-Becken sind auf 38 bis 45 Grad Celsius temperiert, hierzu wird das extrem heiße Thermalwasser aus dem Boden oft gekühlt – ist außerdem förderlich für Menschen mit rheumatischen Beschwerden und Muskelverspannungen. Auch durch Sport beanspruchte Glieder profitieren von der Heilkraft des Thermalwassers, es soll außerdem der Hautalterung entgegenwirken. Kreislaufangregend wirkt ein Besuch im *Onsen* besonders dann, wenn nach dem heißen Bad ein Kneippgang mit kaltem Wasser folgt.

Onsen-Etikette

- Bevor man in das wohltuende Wasser eintauchen kann, ist ausgiebige Körperpflege Pflicht: Jedes *Onsen* besitzt einen Umkleide- und Waschraum, traditionell wird die Straßenkleidung in großen Körben verstaut, moderne *Onsen* bieten Schließfächer. Die Schuhe müssen bereits am Eingang ausgezogen werden, um Verschmutzungen der Einrichtungen zu vermeiden. Während manche moderne *Onsen* über Duschen verfügen, gibt es in traditionellen Badehäusern lediglich verflieste Bereiche, in denen Sitzgelegenheiten und Waschschüsseln zur Verfügung gestellt werden. Besucher übergießen sich also im Sitzen so lange und so oft mit Wasser, bis sie sauber sind. Heute ist die Benutzung von Seife üblich, auch diese wird inzwischen meist vor Ort angeboten. Dabei ist es jedoch ein großer Fauxpas, diese nicht gründlich abzuwaschen und so Seifenschaum in das Thermalwasser zu übertragen.

- Um das Wasser möglichst lang möglichst sauber zu halten, ist es verpönt, im *Onsen* unterzutauchen, damit keine Haare in das Wasser gelangen. Früher war es deshalb üblich, sich im Rahmen des Waschvorgangs vor dem Eintauchen auch gründlich zu rasieren. Heute genügt die Vorgabe für langhaarige Besucher, die Frisur für den Besuch entsprechend anzupassen und die Haare zusammenzubinden.

- Aufgrund ihrer Verbindung zu den kriminellen Yakuza waren Tattoos lange Jahre in jedem *Onsen* strikt verboten. Heute gilt diese Regel, auch aufgrund der steigenden Anzahl an (tätowierten) Besuchern aus dem Ausland, nicht mehr überall, man sollte sich deshalb vor einem Besuch genau über die Vorgabe im jeweiligen *Onsen* informieren.

- Üblich ist das Mitführen eines *Tengui*, eines kleinen Handtuches, das manchmal vor Ort zur Verfügung gestellt wird, um sich den Schweiß vom Gesicht zu wischen und so das Wasser nicht zu verunreinigen.

- Damit jeder Besucher sich auch wirklich optimal entspannen kann, wird auf laute Gespräche in einem *Onsen* verzichtet. Wer sich unterhalten möchte, tut dies also in möglichst geringer Lautstärke, um die anderen Badenden nicht zu stören.

- Schwimmen, Planschen oder Tauchen sind im *Onsen* nicht gern gesehen: Die Sitte sieht vor, dass man einfach ruhig im Becken sitzt und entspannt.

Japan liegt fast vollständig auf äußerst *aktivem vulkanischem Gebiet*, was dazu führt, dass vielerorts *heißes, nährstoffreiches Wasser* aus dem Boden sprudelt.

Shinrin yoku

Immer wieder liest man von der heilenden Wirkung des Waldes. Auch in Japan kennt man die gesundheitsfördernden Effekte eines Ausflugs in die freie Natur, einen eigenen Namen hat dieses Prinzip aber erst seit dem Jahr 1982: *Shinrin yoku*, Waldbaden, meint das Eintauchen in einen Wald mit allen Sinnen.

Seit der Mitte des 20. Jahrhunderts nehmen auch in Japan jene gesundheitlichen Probleme zu, die man heute oft als „Zivilisationskrankheiten" zusammenfasst und die eng mit der Lebensweise in einer immer schnelllebiger werdenden Welt zu tun haben: Depressionen, Schlafstörungen, Angstzustände und Burn-out sind auf dem Vormarsch und gehen fast immer auch mit körperlichen Gebrechen einher – von Gewichtsproblemen bis zu Herz-Kreislauf-Erkrankungen. Die japanische Sprache kennt sogar einen eigenen Begriff für den „Tod durch Überarbeitung": *Karōshi* sagt man, wenn Menschen aufgrund von zu viel Arbeit und Stress sterben, die unmittelbare Ursache ist meist ein Herzinfarkt oder Schlaganfall. Ein Teil der Lösung für all diese Probleme liegt im Wald.

Schon in den frühen 1990er-Jahren wurden die ersten wissenschaftlichen Untersuchungen zur Verbindung menschlicher Gesundheit und dem Aufenthalt in einem Wald durchgeführt, und siehe da: Die positive Wirkung stellte sich bald als eindeutig belegbar heraus. Die hohe Sauerstoffproduktion der Bäume führt zu einer besonders gesunden Atemluft, das Klima in einem Wald ist durch das schattenspendende Blätterdach und dem damit verbundenen Schutz vor extremer Hitze und Kälte sehr ausgewogen und die Luftfeuchtigkeit optimal, was sich ebenfalls positiv auf Atemwege und Lungen auswirkt. Die schalldämpfende Wirkung der vielen Pflanzen und des weichen Waldbodens sorgt für eine als besonders angenehm empfundene Geräuschkulisse, und die Terpene, natürliche ätherische Öle aus den Bauharzen, duften nicht nur wunderbar, sondern haben zusätzlich beruhigende und entspannende Wirkung auf den Menschen. Auch die dominierenden Farben Grün und Braun werden von Menschen nachweislich als angenehm empfunden. Studien zeigen, dass ein Aufenthalt im Wald aufgrund all dieser Faktoren in ähnlicher Weise zur Regeneration beiträgt, wie guter Schlaf das tut. Die stressmindernde Wirkung des Waldes lässt sich auch auf der Hormonebene ablesen: Stresshormone wie Adrenalin und Cortisol werden reduziert, stattdessen schüttet der Körper Dopamin und Serotonin aus – Glückshormone, die eine Reihe weiterer positiver Effekte im Organismus auslösen.

Noch gesünder ist aber die Bewegung im Wald: Das Gehen auf unebenem Waldboden etwa trainiert jene Muskeln, die essenziell für das Gleichgewicht sind; es stärkt den Bewegungsapparat und fördert damit sogar den Knochenaufbau. Gleichzeitig fördert es die Aufmerksamkeit und Konzentrationsfähigkeit; der weiche Boden schont währenddessen die Gelenke. Der Vagusnerv, der als Teil des Parasympathikus vor allem mit Entspannung und (Selbst-)Heilung in Verbindung gebracht wird, ist bei einem Waldspaziergang hochaktiv.

Ein **Aufenthalt im Wald** trägt auf ähnliche Weise zur Regeneration bei **wie guter Schlaf.**

Shinrin yoku, Waldbaden,
meint das Eintauchen in einen Wald
mit allen Sinnen.

Manche der Bäume im **Akasawa-Wald gelten als heilig.** Sie liefern das Holz für das wichtigste **Shintō-Heiligtum** des Landes.

DIE SCHÖNSTEN BADE-WÄLDER

Die Gelegenheiten zum Waldbaden sind in Japan besonders vielfältig: Fast 70 Prozent der Landesfläche sind von Wäldern bedeckt. Viele davon wurden in den vergangenen Jahrzehnten zu regelrechten Therapiewäldern: Im Nordwesten der Präfektur Tokio befindet sich die Okutama Forest Therapy Base im Nationalpark **Chichibu Tama Kai**. Dieses Naturparadies aus Bergen, Tälern, zahlreichen Wasserfällen und Wäldern erstreckt sich auf über 1200 Quadratkilometern und gilt aufgrund seiner Nähe zur Hauptstadt als Naherholungsgebiet der Tokioter Bevölkerung. Das Therapiezentrum führt Besucher noch tiefer in den Wald und damit auch zur inneren Ruhe: Fünf verschiedene Wege ermöglichen das Waldbaden aus unterschiedlichen Perspektiven, eigens geschulte Guides leiten Besucher beim *Shinrin yoku* an, denn das soll mehr sein als „nur" ein Spaziergang im Grünen: Das Gehtempo wird dabei an Herzfrequenz und Atmung angepasst, kleine Lichtungen entlang der Wege laden zu Meditationseinheiten ein, auch Wald-Yoga wird angeboten.

Ein weiteres Wald-Therapiezentrum befindet sich etwas weiter südlich: Der **Akasawa National Recreational Forest** in der Präfektur Nagano gilt nicht nur als einer der drei schönsten Wälder des waldreichen Landes, sondern auch als die Wiege des *Shinrin yoku*. Schon seit den frühen 1980ern widmet man sich in dem Naturschutzgebiet den heilsamen Wirkungen des Waldes, die hier mit einem besonderen Naturerlebnis verbunden werden.

Denn in dem Gebiet wachsen zahlreiche japanische Hinoki-Zypressen, die ein stolzes Alter von rund 300 Jahren und eine entsprechend beeindruckende Größe aufweisen. Manche der Bäume im Akasawa-Wald gelten als heilig und liefern deshalb das Holz für den Großen Schrein von Ise, dem wichtigsten Shintō-Heiligtum des Landes, der alle 20 Jahre neu gebaut wird. Mehrere Pfade führen durch den weitläufigen Wald, ein eigenes Therapiezentrum beschäftigt sich mit der Waldmedizin und deren Einsatzmöglichkeiten.

Auch der **Aokigahara Wald** in der Präfektur Yamanashi liegt in geschütztem Gebiet. Der Fuji-Hakone-Izu-Nationalpark am nördlichen Fuß des Fuji ist bei Besuchern nicht nur wegen seiner Panoramen beliebt, hier lebt auch eine besonders hohe Anzahl seltener Tier- und Pflanzenarten sowie eine Reihe endemischer Arten, denen man beim Waldbaden in dem auffallend dichten Wald näherkommen kann. Der fruchtbare Boden entstand einst durch einen mehrtägigen Ausbruch des Fuji, dabei bildeten sich auch mehrere Höhlen, für die der Wald heute bekannt ist. Doch er hat auch eine unrühmliche Seite: Aufgrund des dichten Wuchses und der dadurch bedingten undurchdringbaren Beschaffenheit ist er auch als „Selbstmord-Wald" bekannt, manche behaupten gar, zwischen den mit Moos bewachsenen Bäumen würden sich Geister herumtreiben.

Gesellschaft & Philosophie

Dass das Zusammenleben einer großen Anzahl von Menschen auf eher kleinem Raum nur dann problemlos funktionieren kann, wenn gewisse Regeln und Konventionen befolgt werden, um ein friedliches Miteinander zu gewährleisten, ist wohl keine große Überraschung. Als eines der am dichtesten besiedelten Länder der Welt gilt dieser Grundsatz ganz besonders für Japan. Harmonie ist deshalb ein besonders zentraler Wert im Denken und Handeln der rund 125 Millionen Japaner – und dieser äußerst sich auf unterschiedliche und mitunter durchaus erstaunliche Weise.

Auf der einen Seite bieten gesellschaftliche Anlässe Gelegenheit für die Schaffung eines harmonischen Miteinanders, in welchem sich die einzelnen Mitglieder einer Gruppe zugehörig fühlen. Auf der anderen Seite sorgt die Philosophie mit ihren unterschiedlichen Bereichen, Strömungen und Lehren für eine intensive Auseinandersetzung mit der Welt und all ihren Facetten, also sowohl dem Selbst wie dem anderen in diesem Gefüge.

Nomikai

Wer in Japan einen neuen Job beginnt, wird bald feststellen, dass das *Teambuilding* hier auf etwas andere Art und Weise funktioniert, die ein fixer Bestandteil fast jeder Unternehmenskultur ist: *Nomikai*, wörtlich „Trink-Zusammenkunft", heißen jene Partys, zu denen man sich nach Feierabend trifft und bei denen es ausgelassen und mitunter durchaus ausschweifend zugeht. Das steht in starkem Kontrast zu den Gepflogenheiten im Büro, in denen oft ein eher strenger Umgang herrscht und Wert auf Hierarchien gelegt wird. Private Themen sind dort genauso tabu wie Small Talk oder ein zu amikales Verhalten.

Nomikai dienen auch dazu, diese Regeln etwas aufzulockern, denn die Zusammenkünfte werden ihrem Namen gerecht – Alkoholkonsum ist zwar keine Verpflichtung, wohl aber Standard. Exzessives Trinken ist bei diesen Anlässen deshalb keine Seltenheit, dabei gilt aber der Grundsatz: Was beim *Nomikai* passiert, bleibt beim *Nomikai*.

Nomikai beginnt mit einem kollektiven „Kanpai!", also „Prost!"

Die Feier-Regeln

Zwar gelten Nomikai *als ideale Gelegenheit, Kollegen und auch Vorgesetzte besser kennenzulernen und den Zusammenhalt zwischen den Mitarbeitern zu stärken, einige Regeln gilt es aber auch in der bürofernen Umgebung einzuhalten.*

DER SITZPLATZ ENTSCHEIDET

In vielen japanischen Unternehmen herrschen auch heute noch strenge Hierarchien. Im Rahmen der *Nomikai* sind diese zwar weniger starr, ganz aufgehoben sind sie aber auch in zwanglosem Rahmen nicht. Besonders bei traditionell aufgebauten Unternehmen zeigt schon die Anordnung der Gäste an, welche Person höhergestellt ist. So ist es üblich, dass der ranghöchste Mitarbeiter, also der Vorgesetzte, am Tischende, das am weitesten von der Eingangstüre entfernt ist, Platz nimmt, die nächste Person in der Hierarchie sitzt gegenüber. Neue Mitarbeiter oder „einfache" Angestellte sitzen auf der anderen Tischseite nahe der Tür.

LOS GEHT'S

Es wird als unhöflich empfunden, bereits einen Schluck zu nehmen, bevor wirklich jeder Anwesende ein Glas vor sich stehen hat. Der Vorgesetzte gibt üblicherweise den Startschuss mit einem kurzen Toast, gefolgt von einem kollektiven „*Kanpai!*", also „Prost!"

DIE NÄCHSTE RUNDE

Ist das eigene Glas leer, verbietet die Höflichkeit, sich selbst nachzuschenken. Stattdessen ist es bei *Nomikai* üblich, sein Glas entweder vom Vorgesetzten wieder auffüllen zu lassen – dieser zeigt damit seine Fürsorge für die Mitarbeiter und diese wiederum den ihm entgegengebrachten Respekt –, oder aber, es genau umgekehrt zu handhaben. Dann bietet der rangniedere Mitarbeiter seinem Vorgesetzten an, dessen Glas wieder aufzufüllen.

HÖFLICH BLEIBEN

Je später der Abend, desto ausgelassener die Stimmung – das ist auch beim *Nomikai*, nicht zuletzt dank der mitunter beträchtlichen Mengen an konsumiertem Alkohol, der Fall. Die höfliche Anrede, besonders übergeordneten Kollegen gegenüber, sollte aber selbst dann noch beibehalten werden.

FORTSETZUNG

Oft finden *Nomikai* in Izakayas statt, jenen typisch japanischen Bars und Kneipen, in denen in legerem Rahmen getrunken und gegessen wird. Am Ende folgt oft die Aufforderung zur wortwörtlichen „nächsten Runde": *Nijikai* nennt man diese Party-Fortsetzungen, die oft in Karaokebars stattfinden. Lange Zeit galt es als verpönt, die Einladung zum *Nijikai* abzulehnen. Wer aber bereits genug getrunken hat und sich mehr nach seinem Bett als wilden Gesangseinlagen sehnt, darf die Einladung zum *Nijikai* mittlerweile höflich ablehnen und den Rest der Gruppe weiterziehen lassen.

大衆屋
千日前店
1階は立ち呑み
2階
3階
座り席
あり☑
日替わりのおばんざい
串カツ 天ぷら など
注意!!
人が出入りします
大衆屋
地鶏炭

洋裁部
生
ホルモン
12-15

Karaoke

SIEGESZUG DES „LEEREN ORCHESTERS"

Feiern beinhaltet in Japan fast zwangsläufig auch den Besuch einer Karaoke-Bar. Das „leere Orchester" gehört zu den liebsten Freizeitbeschäftigungen der Bewohner, seit es in den 1970er-Jahren von der Stadt Kōbe aus seinen Siegeszug antrat. Dort war ein findiger Musiker auf die Idee gekommen, die Gesangsspur von Aufnahmen bekannter Lieder zu entfernen und sie stattdessen von Gästen einer Veranstaltung nachsingen zu lassen. Das Prinzip war jedoch nicht neu – bereits rund 20 Jahre vorher lief im US-amerikanischen TV die Show *Sing along with Mitch*, in der ein Live-Orchester einen Song spielte, während auf den Fernsehbildschirmen der Text und ein darüber hüpfender Ball angezeigt wurden.

Daisuke Inoue entwickelte das Prinzip weiter, indem er seine selbst gebauten Geräte in Bars in seinem Heimatland anbot. Die Gäste waren begeistert, und schon kurze Zeit später besaß jedes Lokal, das etwas auf sich hielt, eine solche Maschine. Ein folgenschwerer Fehler des Erfinders führte aber dazu, dass seine Kreation ihm kein Geld einbrachte. Denn er versäumte es, seine Idee zu patentieren, so stellten bald zahlreiche Unternehmen ähnliche Geräte her, und Daisuke Inoue ging leer aus, zumindest finanziell: Vom Time-Magazine wurde er 1999 zu einem der einflussreichsten Menschen Asiens ernannt.

MODERNE KARAOKE-KULTUR

Auch im Rest der Welt ist Karaoke inzwischen eine beliebte Beschäftigung bei diversen gesellschaftlichen Anlässen und Zusammenkünften. Eine ähnlich weitreichende Karaoke-Kultur wie im Land der aufgehenden Sonne gibt es aber kaum anderswo. Dort existieren mittlerweile sogar mehrere Ketten, in deren Niederlassungen hemmungslos gesungen werden kann. Allein *KaraokeKan*, einer der populärsten Anbieter, besitzt im Großraum Tokio über 100 Locations.

Optisch gleichen diese Etablissements weniger Bars als vielmehr Hotels: An einer Rezeption meldet man sich und seine Mit-Sänger an und bestellt die erste Getränkerunde, danach führt der Weg in einen abgetrennten Raum oder eine Kabine. Dort liegen die Mikrofone schon bereit und der Bildschirm läuft. Die Bedienung funktioniert über ein Tablet, auf dem aus der meist riesigen Songauswahl gewählt werden kann. Über ein Telefon teilt man der Bar mit, wenn die Getränke nachgefüllt werden müssen.

Geishas

Sie gehören für den Rest der Welt zu den mysteriösesten Mitgliedern der japanischen Gesellschaft. Zahlreiche Geschichten ranken sich um sie, man kennt Klischees und Halbwahrheiten über die Frauen mit den kalkweiß geschminkten Gesichtern, den aufwendigen Frisuren und den prächtigen Gewändern. Und doch weiß man vor allem außerhalb der Landesgrenzen wenig über den Beruf der Geisha. Obwohl doch ihr Name schon verrät, worum es sich handelt: „Person der Kunst" lautet er übersetzt.

VON DEN URSPRÜNGEN BIS HEUTE

Geishas sind heute ein Symbol des traditionellen Japan, seiner Kultur und Geschichte. Auch ihre eigene Historie reicht weit in die Vergangenheit zurück und beginnt schon lange, bevor sie zum ersten Mal offiziell unter der heutigen Bezeichnung auftauchten. Schon im 7. Jahrhundert kannte man die *Saburuko* – Mädchen und junge Frauen aus niedrigen sozialen Schichten dienten, oft nicht freiwillig, in wohlhabenden Häusern als Unterhaltungskünstlerinnen mit unterschiedlichen Aufgaben. Häufig mussten sie sich dabei auch als Kurtisanen verdingen – der Ursprung eines bis heute weit verbreiteten Gerüchtes. Denn außerhalb Japans hält sich vielfach noch immer der Irrglaube, Geishas seien Prostituierte oder würden sexuelle Dienstleistungen anbieten. Ein hartnäckiger Mythos – und ein Affront gegen die Kunstfertigkeit der Frauen.

Der tatsächliche Ursprung der modernen Geishas liegt im frühen 17. Jahrhundert: In der Edo-Zeit herrschte nach jahrhundertelangen Kriegszuständen zum ersten Mal Frieden im Land. Wo man sich über lange Zeit mit Kampfstrategien beschäftigt hatte, gab es nun endlich Zeit für die schönen Dinge des Lebens. So entstanden die *Hōkan*, männliche Unterhaltungskünstler, die in Herrscherhäusern und reichen Familien für gute Stimmung sorgten. Den Frauen war die Ausübung dieses Berufes zunächst verboten, erst einige Jahrzehnte später durften auch sie sich in der Kunst der Unterhaltung üben. Und überboten ihre männlichen Kollegen bald. Denn während diese eher für ihr komödiantisches Talent geschätzt wurden, ging es bei den Geishas um die hohen Künste: Im Repertoire befanden sich Gesang, Tanz und das Spielen verschiedener traditioneller Instrumente. So kam es, dass die weiblichen Geishas bald wesentlich beliebter waren als die *Hōkan* und immer mehr junge Frauen den Beruf erlernen und ausüben wollten.

Geisha oder Maiko?

Den Unterschied zwischen einer echten Geisha und einer Maiko in Ausbildung erkennt man an ihrem ***Kimono:*** *Maiko tragen meist* ***farbenfrohe Exemplare,*** *während sich Geishas in* ***zurückhaltenderen, gedeckten Farben*** *kleiden. Der Kragen der Geishas ist weiß, der der Maiko rot. Und auch die Ärmellänge verrät den Ausbildungsgrad: Die Ärmel der Maiko sind so lang, dass sie die Hände verdecken, die Geishas dagegen tragen kürzere Ärmel.*

Geisha oder Geiko?

Eine Geisha ist eine Geisha – kann aber auch eine Geiko sein. Der Unterschied zwischen den beiden Bezeichnungen liegt lediglich in der ***Geografie.*** *Im Westen Japans und damit auch in Kyoto, dem Herz der Geisha-Kultur, ist die Bezeichnung Geiko weiter verbreitet, während im Rest Japans die Geisha vorherrscht.*

Auch aufgrund ihrer großen Beliebtheit verlagerte sich ihre Wirkungsstätte von den Höfen und Häusern der Reichen in Richtung der Teehäuser der städtischen Vergnügungsviertel – ein weiterer Grund für das bekannte Vorurteil. Tatsächlich dürften sich zu dieser Zeit die Leistungen der dort tätigen Frauen mitunter vermischt haben und der Ruf der Geishas litt, bis neue Gesetze Mitte des 19. Jahrhunderts endgültig eine strikte Trennung der Berufe festlegten. Damit stieg auch das Ansehen der Geishas wieder, die sich fortan erneut in bedeutender und durchaus prominenter Gesellschaft bewegten.

Noch heute sind Geishas besonders bei Festen und Anlässen in wohlhabenden Häusern gern gesehen, wo sie für die Unterhaltung und Zerstreuung der Gäste zuständig sind. Das Musizieren ist dabei nur ein Teil der Aufführung, denn die Frauen beherrschen außerdem Akrobatik und oft auch Puppenspielerei. Weil ihre jahrelange Ausbildung außerdem ein hohes Maß an Bildung miteinschließt, obliegt es ihnen zusätzlich, Witze zu erzählen sowie Gedichte oder kurze Geschichten vorzutragen. Traditionell ausgebildete Geishas werden jedoch immer seltener: Gab es in Japan in der Mitte des 20. Jahrhunderts noch rund 70000 Geishas, liegt ihre Zahl heute bei wenigen Hundert, die meisten von ihnen leben in der ehemaligen Hauptstadt Kyoto, bis heute das Zentrum der Geisha-Kultur. Denn längst ist nicht mehr jede Frau in der typischen, auffälligen Kostümierung tatsächlich eine echte Geisha – mit der steigenden Zahl der Touristen aus dem Ausland im ausgehenden 20. Jahrhundert wuchs auch die Zahl „unechter“ Geishas. Diese Frauen haben meist keine langjährige Ausbildung hinter sich, sondern dienen als Touristenattraktion und Motiv für Erinnerungsfotos.

DIE SCHULE DER GEISHAS

Einst lag das Mindestalter einer *Maiko*, wörtlich „tanzendes Kind“ und die gängige Bezeichnung für eine Geisha in Ausbildung, bei sieben Jahren, wohl auch, weil sich viele Familien so einen schnellen finanziellen Aufstieg erhofften. Heute muss eine junge Frau in Japan zunächst die Pflichtschule abschließen und 15 Jahre alt sein, bevor sie sich auf die Suche nach einem Ausbildungsplatz machen kann.

Ein solches *Okiya*, wie die Wohn- und Ausbildungsstätten der Geishas heißen, liegt traditionell in einem eigenen Stadtteil – die sogenannten Blumenviertel sind dabei Zuhause der Geishas, aber auch vieler mit ihnen in Verbindung stehender Handwerker und Künstler: Auch Musiklehrer, Kimonoschneider oder Spezialgeschäfte für Haarschmuck und anderes Zubehör finden sich hier. In früherer Zeit überstieg die Zahl der Bewerberinnen die verfügbaren Ausbildungsplätze um ein Vielfaches, die angehenden *Maiko* mussten deshalb strikte Kriterien erfüllen, von der maximalen Körpergröße bis zu einem Mindestgewicht und Vorkenntnissen in manchen Disziplinen.

Über die Aufnahme in ein *Okiya* bestimmt die *Okāsan*, wörtlich Mutter, die Chefin des Hauses, die fortan die Verantwortung für die jungen Frauen übernimmt. Das schließt auch den finanziellen Teil mit ein: Die *Okāsan* kommt für Kleidung, Zubehör und Unterricht ihrer *Maiko* auf, bis diese als fertig ausgebildete Geisha selbst Geld verdienen kann – und zunächst ihre Schulden im *Okiya* abbezahlen muss.

Wörtlich übersetzt bedeutet Geisha „Person der Kunst“.

In den folgenden sechs Jahren, so lange dauert es, bis aus einer *Maiko* eine Geisha geworden ist, durchläuft die Schülerin mehrere Phasen der Ausbildung. Während in der ersten Stufe theoretisches Wissen vorherrscht – die Mädchen lernen dabei diverse Künste, die Durchführung einer Teezeremonie, Allgemeinbildung, wichtige Umgangsformen sowie natürlich die aufwendige Kostümierung –, wird in der zweiten Phase auf Nachahmung gesetzt. Die *Maiko* darf dabei eine erfahrene Geisha zu einem „Einsatz“ begleiten und prägt sich dessen Ablauf genau ein. Den Unterschied zwischen den beiden Frauen und ihren Ausbildungsgraden erkennt man mit etwas Vorwissen an Kleidung und Frisur.

Die Tradition sieht vor, dass eine Geisha sich erst nach Abschluss der Ausbildung auch offiziell so bezeichnen und als solche arbeiten darf, die Frauen nehmen dazu einen Künstlernamen an, der sich häufig aus dem Namen ihres *Okiya* und ihrer *Okāsan* zusammensetzt, mit denen die Geishas ihr ganzes Berufsleben lang in enger, nicht nur finanzieller Verbindung stehen. Ihren Beruf verlassen viele von ihnen erst, wenn sie eine Familie gründen wollen – das Heiraten ist Geishas untersagt.

Wabi sabi

In der Fülle an philosophischen und spirituellen Strömungen Japans hat sich in jüngerer Zeit besonders im Ausland ein uraltes Konzept hervorgetan: *Wabi sabi* hat über die Jahrhunderte nicht nur in seiner wörtlichen Bedeutung, sondern auch in der Umsetzung einen massiven Wandel erfahren.

Die Grundlagen dieser Denkweise wurzeln in zwei anderen Philosophien: Sowohl der chinesische Taoismus wie auch der Zen-Buddhismus beschäftigen sich mit ähnlichen Ideen. Beide begreifen die Welt und alles, was mit ihr in Verbindung steht, als ein sich ständig wandelndes System, in dem nichts stillsteht und nichts jemals vollkommen ist. Der Mensch ist demnach ein Wesen, das der Natur unterworfen ist und sie als bestimmende Kraft in seinem Leben anerkennen soll – und damit auch ihre ständige Veränderung, ihre Vergänglichkeit und ihre Fehlerhaftigkeit.

Der Begriff *Wabi sabi* geht auf zwei einzelne Worte aus dem Japanischen zurück, die eigentlich eine nicht unbedingt positive Bedeutung haben: *Wabi* meint ursprünglich ein einsames, zurückgezogenes Leben, in dem das Gefühl des Verlorenseins vorherrscht. *Sabi* beschreibt den Zustand der Veränderung mit dem Alter, die Vergänglichkeit, und wird manchmal auch als „welken" übersetzt. In Kombination hat sich das Begriffspaar für die Beschreibung eines Zustandes etabliert, der nichts mehr mit der ursprünglich negativen Bedeutung zu tun hat: Es steht für die Unvollkommenheit und deren Wahrnehmung als natürlich, positiv und sinnstiftend. Eine wortwörtliche Entsprechung gibt es im Deutschen nicht, auch deshalb ist die Definition oft recht weit gefasst. Allgemein gilt *Wabi sabi* heute vor allem als ästhetisches Prinzip, das die Schönheit des Unvollkommenen betont, die Perfektion im Unperfekten sucht und die Einfachheit als Tugend wahrnimmt. Auch deshalb wird es oft als Kontrast zu der in der westliche Welt vorherrschenden Definition von Schönheit gesehen, in deren Zentrum ein ständiges Streben nach Makellosigkeit steht, das auch mit artifiziellen Mitteln umgesetzt werden soll.

Die Welt ist ein sich ständig **wandelndes System**, in dem nichts stillsteht und **nichts jemals vollkommen ist.**

Die Ideen hinter dem Prinzip des *Wabi sabi* sind in zahlreichen japanischen Traditionen erkennbar: Für die Kunst des Blumenarrangements *Ikebana* etwa sollen ausdrücklich nicht nur perfekte Pflanzen genutzt und die höchstmögliche Symmetrie erreicht werden. Stattdessen geht es darum, auch ungleichmäßige oder fehlerhafte Elemente einzubauen. Auch mit den traditionellen Verfahren zur Herstellung der *Raku*-Keramik werden bewusst unvollkommene Gegenstände erzeugt, indem die Gefäße bei extrem hoher Hitze gebrannt und sehr rasch abgekühlt werden, was zu Sprüngen in der Glasur und Farbveränderungen führt.

Wabi sabi für Zuhause

Gemäß den Prinzipien des *Wabi sabi* konzentriert man sich in einem Wohnraum auf die wirklich zweckdienlichen Elemente und lässt weg, was nicht unbedingt notwendig ist. Das Motto lautet also: Weniger ist mehr. Damit steht das *Wabi sabi* Konzepten wie Minimalismus und Purismus nahe, die ebenfalls auf Geradlinigkeit, Simplizität und die Schönheit des Einfachen fokussieren. Ein Zimmer soll demnach nicht bis obenhin vollgestellt, sondern simpel und vor allem praktisch eingerichtet sein. Denn auch die Leere braucht Platz und will wertgeschätzt werden, nur so erhalten die vorhandenen Möbelstücke außerdem genug (Wirkungs-) Raum. Der Fokus liegt auf Einrichtungsgegenständen mit Geschichte und den sprichwörtlichen Ecken und Kanten: Vermeintliche Fehler oder Makel schaffen Persönlichkeit. Die bewusste Abkehr von übermäßigem Konsum und Opulenz ist dabei ein genauso wichtiger Bestandteil wie die Nutzung natürlicher Materialien, denn die Wertschätzung für die kleinen, oft übersehenen Dinge, die Besinnung auf das wirklich Wichtige und der Respekt vor der Natur sind zentrale Werte des *Wabi sabi*. Die Farbpalette bedient sich gedeckter Farben wie Beige- oder Grautönen statt bunter Muster, die eher vom Wesentlichen ablenken würden. Wer den eigenen Wohnraum nach den Prinzipien des *Wabi sabi* umgestalten will, kann sich ein paar einfacher Tricks bedienen:

1. LIEBLINGSSTÜCKE AUSSUCHEN

Nehmen Sie sich einen Nachmittag Zeit und verbringen Sie diesen ganz bewusst in Ihrem Zuhause. Sehen Sie sich immer wieder um und beschäftigen Sie sich dabei ganz bewusst mit folgenden Fragen: Was brauche ich wirklich? Was benutze ich oft? Was mag ich am liebsten? Was bedeutet mir wirklich etwas? Schreiben Sie Ihre Antworten auf – Sie werden staunen, wie kurz die Liste am Ende sein wird. Dies sind die Einrichtungs- oder Gebrauchsgegenstände, die eine Bedeutung haben und um die sich deshalb alles drehen sollte.

2. MUT ZUR REDUKTION

Jeder kennt das: Je länger man an demselben Ort wohnt, desto mehr Dinge sammeln sich an. Oft handelt es sich dabei um Gegenstände, die vielleicht früher eine Bedeutung hatten, welche sich aber längst auf andere Dinge verlagert hat. Das Loslassen gestaltet sich am Anfang oft schwer. Doch wie so oft gilt auch hier: Alles beginnt mit dem ersten Schritt – und dem ersten Gegenstand, der es nicht in die Liste der geliebten oder viel genutzten Dinge geschafft hat. Ein hilfreiches Grundprinzip: Alles, was in den vergangenen 12 – für zögerlichere Gemüter gerne auch 24 – Monaten nie in Verwendung war, kann weg. Das Ausmisten und bewusste Sich-Verabschieden schafft dabei nicht nur Platz im Raum, sondern auch in Geist und Seele.

3. AKZENTE SETZEN

Minimalistisch gestaltete Räume wirken oft kühl, doch das muss nicht so sein. Denn auch mit wenigen Dingen lässt sich Gemütlichkeit schaffen und ein heimeliges Gefühl erzeugen. Hilfe kommt von Mutter Natur: Naturmaterialien wie Holz oder Wolle strahlen auch dann Wärme aus, wenn sie sparsam eingesetzt werden.

4. FEHLER LIEBEN

Omas alte Teekanne ist immer noch in Verwendung, obwohl sie längst Sprünge und ausgebrochene Stellen hat? Der alte Holztisch ächzt und knarrt, aber die Familie trifft sich hier jeden Tag zum gemeinsamen Essen? Wunderbar! Genau das ist der Kern des Wohnens nach *Wabi sabi*: Es geht nicht darum, dass ein Gegenstand perfekt ist, sondern darum, ob er einen Zweck erfüllt. Und der kann genauso ganz pragmatisch wie durch und durch emotional oder sentimental sein.

Wabi sabi erkennt die **Natur** als bestimmende Kraft im Leben an – und akzeptiert die mit ihr einhergehende ständige **Veränderung**, Vergänglichkeit und Fehlerhaftigkeit.

Zen-Buddhismus

Unter den großen Weltreligionen, zu denen der Buddhismus mit seinen weltweit rund 450 Millionen Anhängern gehört, kommt der Glaubensrichtung eine Sonderstellung zu. Denn es handelt sich um keine theistische Religion, in seinem Zentrum steht also nicht der Glaube an einen allmächtigen Gott. Er ist stattdessen eine sogenannte Erfahrungsreligion, die sich vor allem mit philosophischen Fragen und Lehren beschäftigt, die den Menschen zur Erleuchtung führen sollen. Seine Wurzeln hat der Buddhismus in Indien im 5. Jahrhundert vor Christus, von wo er sich schließlich über Südostasien und den Rest der Welt ausbreitete. Es dürfte also auch seiner langen Geschichte zu verdanken sein, dass heute zahlreiche verschiedene Ausprägungen und Strömungen der Religion existieren. Eine davon ist der Zen-Buddhismus, der im 5. Jahrhundert nach Christus in China entstand und einige Jahrhunderte später Japan erreichte, wo er heute neben dem Shintoismus die bedeutendste Religion darstellt.

Grundlage des Zen-Buddhismus ist der Glaube, dass die Erleuchtung in jedem Menschen steckt und vor allem durch Meditation gefunden werden kann. Sie bedeutet aber nicht nur das Verstehen und die Akzeptanz der Gegebenheiten, sondern auch eine Loslösung: vom dem Menschen innewohnenden Leid, aber auch von weltlichen Bedürfnissen, Besitztümern und sozialem Status. Zentral ist es außerdem, andere Menschen dabei zu unterstützen, die Erleuchtung zu erlangen, auch deshalb ist im Zen die Beziehung zwischen Meister und Schüler und die Weitergabe des erlangten Wissens äußerst wichtig.

WER IST BUDDHA?

Ganz grundsätzlich ist Buddha laut der buddhistischen Lehre jemand, der die Erleuchtung erreicht hat. Der historische, „ursprüngliche“ Buddha und Gründer des Buddhismus hieß eigentlich Siddharta Gautama. Seine genauen Lebensdaten sind nicht eindeutig belegt, er dürfte aber um das 5. Jahrhundert vor Christus in Indien als Sohn einer Adelsfamilie geboren worden sein. Die Legende besagt, dass der Prinz in seinem 30. Lebensjahr zum ersten Mal aus seiner behüteten Welt ausbrach – und damit auch zum ersten Mal mit menschlichem Leid, Alter, Krankheit und Tod konfrontiert wurde. All das erkannte er als wichtigsten Bestandteil der menschlichen Existenz und verbrachte seine Zeit fortan mit der Frage nach der Sinnhaftigkeit des Lebens und dem Weg zur Erlösung aus diesem Leid. Er verließ den Palast seines Vaters und lebte zunächst mehrere Jahre als Asket, der sich dem Studium und der Meditation widmete und menschlichen Bedürfnissen und Vergnügungen entsagte. Doch die Erleuchtung, heißt es, blieb Siddharta Gautama verwehrt. Bis er sie eines Nachts unter einer Pappelfeige in Nordindien doch noch fand: Das Sanskrit-Wort *Bodhi* beschreibt diese Erleuchtung. Gautama wurde zum Buddha und verbrachte den Rest seines Lebens damit, seine Erkenntnisse zu verbreiten.

Zen-Garten

Kasansui oder *Kare-san-sui* nennt man die japanischen Steingärten, die umgangssprachlich oft Zen-Gärten genannt werden. Die Begriffe bedeuten übersetzt etwa „trockene Landschaft“ und bezeichnen Gartenanlagen, welche ursprünglich nur aus Kies, Sand und Steinen bestehen. Linien im Sand oder Kies symbolisieren dabei Wasser. Alle Bestandteile sollen eine harmonische Einheit bilden, die der natürlichen Ordnung nachempfunden ist, Steine oder Felsen werden deshalb am besten in ungerader Zahl und wie zufällig angeordnet, stehen sie doch für die Unbeständigkeit der Natur.

Pflanzen sind eigentlich, mit Ausnahme von Moos, kein Bestandteil dieser Gartenform. In einer freieren Interpretation darf aber auch im Zen-Garten etwas wachsen – geeignet sind immergrüne Pflanzen und Bäume der japanischen Flora wie Kiefernarten und Zypressen. Auch Bonsais sind beliebt, wenn auch nur bedingt für einen Zen-Garten im Freien geeignet, denn die empfindlichen Bäumchen vertragen sich nicht gut mit Wetterkapriolen und Temperaturschwankungen.

Die Bearbeitung der Sand- und Kiesflächen des Zen-Gartens mit Rechen oder Harken gehört in buddhistischen Klöstern zur Meditation, und diese Methode kann man sich auch zunutze machen, wenn kein Garten unter freiem Himmel zur Verfügung steht. In vielen Online-Shops sind inzwischen Mini-Gärten erhältlich. Diese lassen sich aber auch selbst basteln: Füllen Sie einen kleinen Holzrahmen mit Sand, je nach Geschmack können einige kleine Steine zur Dekoration verteilt werden. Der Zen-Garten steht am besten am Schreibtisch bereit. Ist es Zeit für eine Verschnaufpause, zieht man mit einem Minirechen Linien und Muster in den Sand, die möglichst durchgehend verlaufen sollten, ohne dass man ihren Anfang und ihr Ende erkennt. Achten Sie dabei auf eine ruhige, gleichmäßige Atmung.

Alle Bestandteile sollen eine *harmonische Einheit* bilden, die der *natürlichen Ordnung* nachempfunden ist.

Buddhismus ist eine *Erfahrungsreligion,* die sich vor allem mit philosophischen Fragen und Lehren beschäftigt, die den Menschen zur *Erleuchtung* führen sollen.

> Zazen bringt Körper und Geist zur Ruhe und ins Gleichgewicht.

MEDITATIONSÜBUNG: ZAZEN

Die wichtigste Meditationstechnik im Zen-Buddhismus ist das *Zazen*, im Deutschen etwa „stilles Sitzen“. Sie soll die Haltung des Buddha spiegeln, als er unter dem *Bodhi*-Baum die Erleuchtung erlangte, und beschreibt das schweigende Sitzen im auch aus dem Yoga bekannten Lotussitz, also auf dem Boden mit angewinkelten, gekreuzten Beinen. Das Ziel muss nicht unbedingt die Erleuchtung sein, die Technik eignet sich auch für kurze Arbeits- und Verschnaufpausen, denn sie bringt Körper und Geist zur Ruhe und ins Gleichgewicht.

Man nimmt dabei am besten auf einer Matte oder einem Kissen Platz und trägt bequeme Kleidung, die Umgebung sollte ruhig sein und eine als angenehm empfundene Temperatur haben. Wem das Sitzen im Lotussitz nicht behagt, kann auf den sogenannten halben Lotus ausweichen: Während beim Lotussitz beide Füße mit den Sohlen nach oben auf dem jeweils anderen Oberschenkel liegen, ist es beim halben Lotus nur ein Fuß, der andere liegt unter dem Bein auf dem Boden. Wichtiger als die Beinhaltung ist, den Rücken in dieser Position gerade und entspannt zu halten. Es kann hilfreich sein, sich vorzustellen, der Kopf würde den Körper sanft nach oben ziehen oder hinge an einer Schnur. Die Hände liegen locker im Schoß ineinander, am besten so, dass sich die Fingerspitzen der Daumen berühren. Die Augen sind beim *Zazen* (halb-)geöffnet, am besten nimmt man in etwa einem Meter Entfernung von einer Wand mit dem Gesicht dazu Platz, um zu große Ablenkungen zu vermeiden.

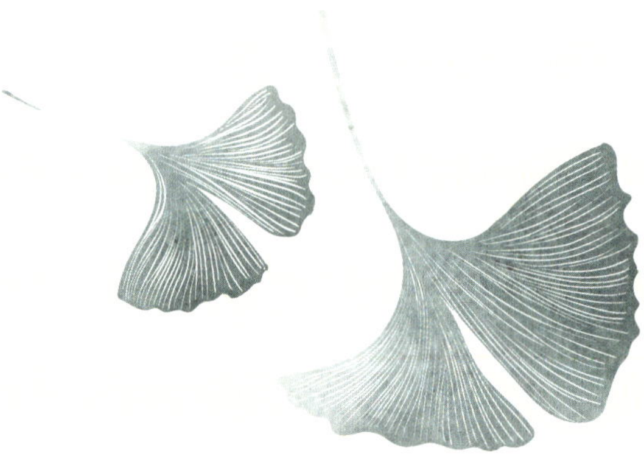

Eine entspannte Sitzposition ohne angespannte Muskeln ist entscheidend, weil es beim *Zazen* zentral um eine gleichmäßige Atmung geht. Freies und ruhiges Atmen hat einerseits körperliche Vorteile: Es senkt die Herzfrequenz und ermöglicht einen gleichmäßigen Blutdruck. Andererseits hat es aber auch positive Auswirkungen auf den Geist: Negative Gedanken können bewusst „weggeatmet“ werden.

Was so einfach klingt, ist für Meditationsanfänger oft mit Hürden verbunden, denn die Gedanken wirklich zur Ruhe zu bringen, ist wesentlich schwieriger, als man denken könnte. Anfänger beginnen deshalb mit kurzen Einheiten von etwa zehn Minuten und steigern die Dauer langsam.

お願い
最近カラスが火のついたロウソクを
のが原因と思われる火災が頻発して
ご参拝後のロウソクの火は必ずお消
伏見稲荷

Ikigai

Es ist seit jeher eine der wichtigsten Aufgaben der Philosophie, die menschliche Existenz zu begreifen und Antworten auf die wirklich großen Fragen zu finden. Wo und wie genau danach gesucht wird, hängt von den unterschiedlichen Strömungen dieser Wissenschaft ab, von ihrer Herkunft und ihren Vertretern. Ein Thema jedoch eint wohl alle Philosophen dieser Welt – der Sinn des Lebens. Wie definiert man ihn, was macht ihn aus und vor allem: Wo ist er überhaupt?

DER SINN DES LEBENS

Genau darum geht es im *Ikigai*. Die Zusammensetzung aus *iki* für „Leben" und *gai* oder *kai* für „Wert" oder „Nutzen" wird heute oft freier übersetzt als „das, wofür es sich zu leben lohnt". Der Begriff tauchte zum ersten Mal in einem japanischen Epos aus dem 14. Jahrhundert auf und wurde dort durch eine andere Wortschöpfung ergänzt, die zwar wörtlich das Gegenteil, inhaltlich aber einen ganz ähnlichen Sachverhalt beschreibt: *Shinigai* meint das, wofür es sich zu sterben lohnt. In der Geschichte wird die Frage nach dem Zweck eines Lebens indirekt beantwortet mit der Erfüllung jener Rollen, die die Menschen in der Gesellschaft innehaben. Der Sinn des Lebens ist demnach dort zu finden, wo der Mensch zu einem sozialen Gefüge beitragen kann. *Ikigai* ist im historischen Kontext also eher eine kollektive Angelegenheit, heute beschreibt es auch einen höchstpersönlichen und individuellen Sachverhalt – beide Interpretationen werden oft als unterschiedliche Antworten auf dieselbe Frage verstanden. *Ittaikan* steht dabei für die Zugehörigkeit zu einer Gruppe und das Gemeinschaftsgefühl, während sich bei *Jiko Jitsugen* alles um die Selbstverwirklichung dreht.

Mit den Jahrhunderten trat die Idee des *Ikigai* jedoch wieder in den Hintergrund und verschwand schließlich weitgehend aus dem allgemeinen Denken – bis es in den 1960er-Jahren von einer japanischen Psychiaterin wiederentdeckt wurde.

Über ihre Arbeit mit Lepra-Kranken in einem Sanatorium in Okayama schrieb Mieko Kamya ein Buch, das als Beginn der zeitgenössischen Beschäftigung mit dem *Ikigai* gilt: *Ikigai ni tsuite* (*Über das Ikigai*) hieß es. Die Autorin berichtete darin über ihre Patienten, die sich trotz ihrer schweren Leiden eine allgemein positive Einstellung bewahrt hatten, und bezog sich dabei auch auf die Arbeiten des österreichischen Neurologen Viktor Frankl, denn auch dieser beschäftigte sich in seinen Arbeiten mit dem Sinn des Lebens und dem Wert einer positiven Grundeinstellung der (eigenen) Existenz gegenüber. Frankls Logotherapie beruht wesentlich auf der Überzeugung, dass jeder Mensch nach dem Zweck seines Daseins sucht.

Mieko Kamya unterschied in ihrem Buch zwei Arten des *Ikigai* – es kann sich demnach auf ein Objekt beziehen, das Sinn stiftet, oder auf das Gefühl der erlangten Sinnfindung selbst. Diese Definition hat sich durchgesetzt und gilt bis heute, zahlreiche Bücher erklären das Konzept inzwischen aus verschiedenen Blickwinkeln.

Was tut mir gut? – Fragen an uns selbst schärfen die eigene Wahrnehmung für das, was *wirklich wichtig* ist.

Mein Ikigai

Was macht das eigene Leben lebenswert? Die zentrale Frage des *Ikigai* ist eine, deren Antwort oft gar nicht so leicht auffindbar ist. Diese Schritte helfen bei der Suche nach dem persönlichen *Ikigai:*

BEWUSSTSEIN

Die bewusste Beschäftigung mit dem eigenen Lebenssinn findet oft über kleine innere Dialoge statt: Was tut mir gut? Was macht mich zufrieden? Worauf freue ich mich? – Fragen wie diese schärfen die eigene Wahrnehmung für das, was wirklich wichtig ist.

AKTIVITÄT

Eine der wichtigen Grundlagen des *Ikigai* ist, in Bewegung zu bleiben: Verreisen, ein neues Hobby ausprobieren, sich endlich den Bibliotheksausweis holen oder einen Yoga-Kurs belegen – jede Aktivität lehrt den Menschen, sich selbst und seine Bedürfnisse besser zu verstehen.

NATUR

Ikigai kann auch daraus entstehen, mit der Umwelt in Kontakt zu kommen – vor allem mit der ursprünglichen, natürlichen Seite davon. Ob beim Strandspaziergang, beim Waldbaden oder bei der Bergtour: Die Natur wirkt sich positiv auf die Gesundheit und den Geisteszustand aus. Sie bewirkt innere Ruhe, und die wiederum ist unumgänglich, wenn man sich mit dem beschäftigen will, was im Leben zählt.

KUNST

Ikigai findet sich auch in der japanischen Kunst in unterschiedlichster Form, denn Kreativität öffnet den Geist und gibt Hinweise darauf, worin die eigenen Stärken, Talente und Leidenschaften liegen. Künstlerische Betätigung jeglicher Art kann uns dem *Ikigai* deshalb einen Schritt näher bringen.

BEZIEHUNGEN

Gemäß dem *Ittaikan* entsteht der eigene Lebenssinn durch die Zugehörigkeit zu anderen Menschen. Das können Freunde, Kinder, Partner, Kollegen oder Mannschaftskameraden sein – wichtig ist das Gefühl, mit anderen verbunden zu sein.

RELIGION UND SPIRITUALITÄT

Für viele macht das Vertrauen in eine höhere Macht das Leben lebenswert – nicht nur aufgrund der Gemeinschaft in einer durch den Glauben verbundenen Gruppe. Um welche Art von Religion es sich handelt, ist wie das *Ikigai* selbst ganz und gar individuell.

釈迦文院

Ikigai im Alter

Besonders in den modernen Leistungsgesellschaften scheint das *Ikigai* oft in der Erwerbstätigkeit zu liegen oder dieser zu entspringen – das gilt auch für Japan. Doch was passiert, wenn dieser Lebensabschnitt zu Ende ist?

Damit beschäftigen sich immer mehr japanische Unternehmen und bieten ihren Rentnern *Ikigai*-Trainings an. Menschen im Ruhestand soll damit geholfen werden, auch außerhalb der Arbeit Zufriedenheit und Erfüllung zu finden und sich weiterhin als Mitglied der Gesellschaft wahrzunehmen.

Ein langes Leben mit Sinn

Es ist mittlerweile eine anerkannte wissenschaftliche Tatsache, dass sich die aktive Suche nach einem Sinn im Leben positiv auf die Gesundheit – und vor allem das Leben im Alter – auswirkt. Eine große Studie aus dem Jahr 2016 teilte Menschen im Alter zwischen 70 und über 100 Jahren in drei Gruppen auf: Es gab eine Gruppe, deren Mitglieder intensiv in die Erziehung ihrer Enkelkinder eingebunden waren. In der zweiten Gruppe befanden sich Menschen ohne Enkelkinder, die sich in anderen sozialen Kontexten betätigten, etwa als Gesprächspartner für Hilfsbedürftige, aber auch Freunde und Nachbarn. Die Personen der dritten Gruppe waren nicht in das Kümmern um andere Personen involviert. Und siehe da: Die Studie belegte, dass die Personen in den Gruppen 1 und 2 deutlich länger lebten.

Kaizen

Obwohl dem Denken und Leben vieler Japaner die Prinzipien des *Wabi sabi* beinahe eingeschrieben sind – also die Akzeptanz der unperfekten Gegebenheiten, des Fehler- und Mangelhaften –, existiert parallel dazu noch eine andere Geisteshaltung, die sich stark auf die Gesellschaft und damit auch ihre einzelnen Mitglieder auswirkt: *Kaizen* ist ein Konzept, das sich mit der stetigen Verbesserung auseinandersetzt und all die kleinen und großen Bestandteile des Lebens miteinschließt, die optimiert werden können. In der westlichen Welt hat sich das Prinzip im 21. Jahrhundert als Modell etabliert, das in zahlreichen Abwandlungen vor allem im beruflichen Kontext Anwendung findet. In seinem Kern geht es dabei darum, die Leistung jedes einzelnen Mitarbeiters zu verbessern. Unternehmen profitieren davon gleich mehrfach, denn sie optimieren so interne Abläufe, entwickeln Strukturen weiter und steigern damit ihre allgemeine Performance. In seiner ursprünglichen Bedeutung aber ist *Kaizen* losgelöst von der ganz konkreten Umsetzung und meint schlicht den Vorgang, durch kleine, wohl durchdachte und zielgerichtete Schritte eine Situation oder einen Zustand zum Besseren zu wenden.

DIE KUNST DER KLEINEN SCHRITTE

Kai steht für die Veränderung oder den Wandel, während *Zen* das „Bessere" benennt, das verhältnismäßig junge Konzept entstand erst in der zweiten Hälfte des 20. Jahrhunderts: Nach dem Zweiten Weltkrieg und seinen verheerenden Folgen stand es schlecht um die japanische Wirtschaft. Die veränderte Wahrnehmung von Arbeitskräften führte daraufhin zu einem entscheidenden Wandel: Neue Gesetze, die von den US-amerikanischen Besatzungsmächten eingeführt worden waren, stärkten die Position der Arbeitnehmer. Sie konnten nun nicht mehr einfach entlassen werden, man sagte ihnen bessere Bezahlung und Anteile am Unternehmensgewinn zu. Das führte dazu, dass Arbeitskräfte zwangsläufig als wichtiger Bestandteil der Unternehmen wahrgenommen wurden und nicht mehr als reiner Kostenfaktor. Führungskräfte verstanden, dass die Investition in einen Mitarbeiter dann am effizientesten ist, wenn man ihm alle Möglichkeiten gibt, sein Potenzial auszunutzen und sich und seine Leistung immer weiter zu verbessern. Das Prinzip zeigte in Japan schnell Wirkung: Prozesse wurden optimiert, Abläufe beschleunigt, Ressourcen effizienter genutzt. Und infolgedessen Unternehmen wieder profitabel.

Dabei ist eine der entscheidendsten Grundlagen des *Kaizen* seit jeher, dass Verbesserungen nicht schnell und über Nacht geschehen (können), sondern dass sie in kleinen, kontinuierlichen Abschnitten vollbracht werden. So wurde es zu einer „Kunst der kleinen Schritte", die zu nachhaltigen Verbesserungen führen. In der europäischen Wirtschaft wird statt *Kaizen* vielfach das synonyme Prinzip des KVP genutzt: Die **k**ontinuierlichen **V**erbesserungs**p**rozesse legen den Fokus auf die genaue Analyse der Abläufe und ihre darauffolgende schrittweise Optimierung.

Vorbild Toyota

Als Vorreiter in Sachen Kaizen *gilt in der japanischen Wirtschaft bis heute der Automobilkonzern Toyota. Auch dort waren die Bilanzen in den 1950er-Jahren schlecht, die Ausgaben für Löhne zu hoch. So entschied man sich in der Führungsetage zu einem Kurswechsel: Statt Mitarbeiter zu entlassen, wurden ihnen Weiterbildungsprogramme ermöglicht und sie ermutigt, Prozesse zu analysieren und Vorschläge zu ihrer Optimierung zu machen. Der Erfolg war durchschlagend: Innerhalb kurzer Zeit schwang sich der Autohersteller zu einem äußerst erfolgreichen Konzern empor.*

Kaizen im Beruf:

Die Methode der fünf S

Unternehmen, die die Prinzipien des *Kaizen* oder der KVP anwenden, nutzen zu ihrer Umsetzung oft die Fünf-S-Methode nach dem Vorbild Toyotas. Erfunden wurde sie zwar, um die Abläufe in Produktionen oder Fabriken zu verbessern, ihre Grundlagen kann sich aber jede und jeder Arbeitende auf die eine oder andere Art zunutze machen.

Seiri: Wörtlich bedeutet der Begriff Anordnung oder Organisation und meint die sinnvolle Gestaltung des Arbeitsplatzes. Dieser sollte strukturiert und gut organisiert sein. Was nicht sehr oft in Gebrauch ist, wird aussortiert und anderweitig verstaut, damit es im Fall der Fälle leicht auffindbar ist, aber im Arbeitsalltag weder Platz noch Aufmerksamkeit raubt.

Seiton: Der zweite Schritt nach dem Aussortieren ist die „Ordnung". Die verbliebenen Gegenstände werden so angeordnet, dass sie ohne Aufwand und schnell zur Hand sind, wenn sie gebraucht werden – Rechtshänder am Schreibtisch platzieren Stifte also zum Beispiel rechts. Beschriftungen und Markierungen schaffen hier Übersicht.

Seiso: Sauberkeit ist eine Tugend, nicht nur in Japan. Wer effizient arbeiten und seine Leistung verbessern will, braucht einen sauberen Arbeitsplatz.

Seiketsu: Ist erst alles Unnütze ausgemistet, das Nützliche sinnvoll angeordnet und der Arbeitsplatz strukturiert und sauber, gilt es, diesen Zustand auch zu bewahren. Das Aufrechterhalten der geschaffenen Ordnung funktioniert am besten mithilfe von Markierungen oder Beschriftungen und regelmäßigen Aufräum-Phasen.

Shitsuke: Wörtlich „Erziehung" oder auch „Disziplin" beschreibt das fünfte S den Vorgang, in dem die neuen Gewohnheiten zur Selbstverständlichkeit werden – und den Arbeitsalltag verbessern. Brauchen das Sortieren, Ordnen und Putzen anfangs also vielleicht etwas Zeit, wird dadurch später Zeit eingespart, in der man sich dann auf anderes fokussieren kann.

KAIZEN IM PRIVATLEBEN

Die fünf S können selbstverständlich längst nicht nur am Arbeitsplatz zur Anwendung kommen, sondern auch in den eigenen vier Wänden – Küche, Badezimmer, Kleiderschrank bieten sich geradezu an, mithilfe der fünf S optimiert zu werden.

Doch *Kaizen* kann auch in vielen anderen Bereichen des Lebens eine Hilfe sein, vor allem den persönlichen. Gerade hier sollte man sich aber immer wieder an die wichtigste Grundregel des Kaizen erinnern: Kleine Schritte führen zum Erfolg! Es geht nicht darum, das eigene Leben von einem Tag auf den anderen auf den Kopf zu stellen, sondern mit kleinen Veränderungen eine nachhaltige Wirkung zu erzielen.

Am Beginn jeder Veränderung steht ein genauer Blick auf den Ist-Zustand und die Festlegung der Ziele: Wo stehe ich und was will ich erreichen? Sind diese Fragen beantwortet, ist die erste Verbesserung bereits getan – nämlich der Entschluss dazu. Und dann geht es in kleinen Etappen los: Wer sich mehr Sport vorgenommen hat, beginnt mit zehn Minuten Bewegung und steigert den Zeitraum nach einer Woche um weitere zehn Minuten. Wer abnehmen möchte, lässt ganz bewusst jeden Tag eine Kleinigkeit am Teller liegen und steigert sich dann in der nächsten Woche langsam. So werden neue Gewohnheiten erlernt, die zu einer nachhaltigen Verbesserung führen – ohne kostspielige oder aufwendige Hilfsmittel.

Beim **Kaizen** geht es darum, mit **kleinen Veränderungen** eine nachhaltige **Wirkung** zu erzielen.

Land & Landschaft

Wer an Japans Landschaft denkt, dem kommen mit großer Wahrscheinlichkeit zuallererst hochmoderne Megastädte in den Sinn. Kein Wunder: Allein die Hauptstadt Tokio zählt, rechnet man den umliegenden Ballungsraum mit, über 37 Millionen Einwohner und ist damit die größte Metropolregion der Welt. Fast ein Drittel der über 125 Millionen Japaner tummeln sich also in der riesigen Stadt an der Ostküste der Hauptinsel Honshū, die gemeinsam mit den drei anderen Hauptinseln Hokkaido, Shikoku und Kyūshū den Großteil der Landesfläche einnimmt. Hoch ist die Bevölkerungsdichte im ganzen Land: 336 Bewohner teilen sich hier einen Quadratkilometer, im flächenmäßig nur etwas kleineren Deutschland sind es rund 230.

Dass Japan trotz der dichten Besiedelung auch ruhige Ecken und zahlreiche Naturschätze vorweisen kann, liegt an seiner außergewöhnlichen Geografie. Denn der Inselstaat zählt insgesamt mehrere Tausend große und kleine Eilande, die alle Teil eines gewaltigen vulkanischen Gebirges sind, das die japanische Landmasse bildet. Weil der Großteil dieser Erhebungen schlicht zu steil ist, um darauf zu wohnen oder Landwirtschaft zu betreiben, konzentrieren sich die Menschen in den Städten der Hauptinseln – und der Rest des Landes besteht aus mehr oder weniger unberührter Natur: Rund 70 Prozent sind mit Wäldern bedeckt.

Neben prächtigen Wäldern hat Japan aber auch andere malerische Landschaften zu bieten: Die Ryūkyū-Inseln, die sich im Süden bis kurz vor Taiwan erstrecken, gelten als tropisches Inselparadies mit üppiger Flora und Postkarten-Stränden, während das Kamikōchi-Gebirge es mit seinen Felsmassiven zwar nicht in puncto Höhe und Größe, wohl aber mit seiner Schönheit beinah mit den Alpen aufnehmen kann.

Ryūkyū-Inseln

EINST EIN KÖNIGREICH

Wie Perlen auf einer Schnur reihen sich die Ryūkyū-Inseln im Ostchinesischen Meer zwischen Kyūshū und Taiwan aneinander. Nur 1,5 Millionen Menschen leben hier, im Vergleich zum Rest des Landes also ein winziger Bruchteil. Das Archipel kennt man auch deshalb nicht als Zuhause einer Megacity, sondern als Südsee-Paradies – und als einen der Ursprünge der japanischen Kultur.

Einst befand sich hier das Königreich Ryūkyū und damit die ursprüngliche Heimat der Ryūkyū-Völker, die bis heute die größte Minderheit Japans bilden. Doch schon viele Jahrtausende bevor das unabhängige Königreich im 15. Jahrhundert gegründet wurde, war die Inselgruppe besiedelt: Archäologische Spuren der ersten Bewohner sind zwischen 15000 und 30000 Jahre alt. Bis zum 14. Jahrhundert hatten sich auf der Hauptinsel Okinawa mehrere Herrschaftsgebiete etabliert, die sich gegenseitig bekämpften. Dem König Sho Hashi gelang es schließlich mit der Unterstützung Chinas in der Mitte des 15. Jahrhunderts, die verfeindeten Gebiete zu erobern und ein geeintes Königreich auszurufen. In den folgenden Jahrzehnten erwiesen sich die Inselbewohner als geschickte Seefahrer und dehnten das Herrschaftsgebiet weiter nach Süden aus. Fortan waren auch die subtropischen Amami-Inseln Teil des Königreichs. Doch die Ryūkyū-Völker waren auch begnadete Handelsleute, die ihre Waren in ganz Südostasien verschifften, bis nach Korea, Vietnam, Java und Sumatra. Zahlreiche Kultur- und Ausgrabungsstätten zeugen bis heute von der ersten Glanzzeit ihrer Kultur.

Schon bald war das unabhängige Gebiet im Süden aber dem japanischen Herrscher ein Dorn im Auge, und so büßte es nach und nach große Teile seiner Autonomie ein, bis es 1879 endgültig von Japan annektiert und große Teile davon zur Präfektur Okinawa wurden.

SEHNSUCHTSORT OKINAWA

Okinawa heißt auch die größte der drei Inselgruppen, die gemeinsam das Archipel der rund 160 Ryūkyū-Inseln bilden und heute ein beliebtes Urlaubsziel für die japanische Bevölkerung darstellen. Im Rest der Welt sind sie aber immer noch ein gut gehütetes Geheimnis: Ausländische Touristen, vor allem solche von außerhalb Asiens, verirren sich nur selten hierher. Einzig US-Amerikanern begegnet man nach wie vor häufig – die sind aber nicht zum Urlauben hier. Denn nach dem Zweiten Weltkrieg stand die Inselgruppe fast drei Jahrzehnte lang unter US-amerikanischer Besatzung. Inzwischen ist sie zwar längst wieder in die japanische Verwaltung eingegliedert, noch immer sind aber US-Militärbasen und damit auch viele US-Soldaten hier stationiert.

Shades of Blue

Rund 20 Kilometer westlich von Okinawa Hontō befindet sich rund um die kleinen Kerama-Inseln ein legendärer Tauchspot. Das liegt vor allem an den geschützten, Hunderte Hektar großen Korallenriffen und der Vielzahl an Fischen und Meeresbewohnern, sie sich hier eingenistet haben. Aber auch das Wasser selbst soll so außergewöhnlich sein, dass sein Blauton einen eigenen Namen bekommen hat: Kerama-blau ist das Meer nur hier.

Das Ausbleiben von Touristenmassen führt dazu, dass sich die Ryūkyū-Inseln ihre Ursprünglichkeit genauso bewahrt haben wie ihren Status als Sehnsuchtsort für Naturbegeisterte, Strandliebhaber und Freunde warmen Wetters. Denn das subtropische Klima und eine durchschnittliche Jahrestemperatur von wohligen 22 bis 24 Grad Celsius führen zu einer außergewöhnlich reichen Flora und Fauna mit einer ganzen Reihe endemischer Arten – über wie unter Wasser. Landwirtschaft und Fischerei stellen deshalb die wichtigsten Wirtschaftszweige dar.

HAWAII TRIFFT GALAPAGOS

Die meisten Besucher landen zunächst auf Okinawa Hontō. Dass es sich dabei um ein wahres Paradies handelt, verraten schon die Spitznamen der größten Insel des Archipels: Während „Hawaii Japans" auch ein Hinweis auf die geografische Lage ist – Okinawa Hontō liegt am selben Breitengrad wie Hawaii –, zeigt die Bezeichnung „Galapagos Japans" den Artenreichtum an. Die Gewässer rundum beherbergen gewaltige Korallenriffe, in denen sich verschiedenste seltene Meeresbewohner wohlfühlen; an Land verdanken Zuckerrohr, Süßkartoffeln und Südfrüchte dem milden, niederschlagsreichen Klima ideale Wachstumsbedingungen – und eine große Anzahl an Tier-, besonders Vogelarten diesen wiederum nie endenden Nahrungsnachschub.

Die Gewässer rund um **Okinawa Hontō** beherbergen gewaltige **Korallenriffe.**

Im Süden der Landmasse liegt die Hauptstadt Naha und mit ihr das gesellschaftliche Zentrum, schließlich leben hier 90 Prozent der Bewohner des gesamten Archipels. Deren Vorfahren kann man bei einem Besuch intensiv nachspüren, ganze neun Weltkulturerbestätten zeigen archäologische Funde früher Siedler wie auch architektonische Meisterwerke des ehemaligen Ryūkyū-Königreichs. Der Norden dagegen gehört der Natur: Der Emerald Beach ist mit seinem weißen Sand und dem azurblauen Wasser einer der schönsten und meistfotografierten Strände Japans. Aber er ist in bester Gesellschaft, die man am besten beim Insel-Hopping erkundet. Fähren und kleine Wasserflugzeuge sind optimale Fortbewegungsmöglichkeiten zwischen nahe gelegenen Inseln, die als Bonus das Bestaunen der Landschaft im Breitbandformat miteinschließen. Die größeren Hauptinseln verfügen über Flughäfen, einige von ihnen sind außerdem durch Brücken miteinander verbunden.

Neben Okinawa sind vor allem die Amami-Inseln bei Reisenden beliebt, denn auch hier ist die Korallenvielfalt weltweit einzigartig, und man muss die Bilderbuch-Strände nur selten mit anderen Besuchern teilen. Noch ruhiger ist es auf den Yaeyama-Inseln, die ebenfalls als Geheimtipp gehandelt werden und auf denen die Traumstrände oft nahtlos in den Dschungel übergehen, sind die Inseln doch mitunter bis zu 90 Prozent bewaldet.

Insel der Alten

Nicht nur als spektakuläres Naturparadies kennt man Okinawa, berühmt geworden sind die Inseln auch als eine der sogenannten Blauen Zonen. Fünf dieser Regionen gibt es auf der Welt, und ihre Besonderheit hat mit ihren Bewohnern zu tun, denn die Menschen, die in den Blauen Zonen leben, werden auffallend alt. Seit einigen Jahren versuchen Soziologen, Biologen, Genetiker und Forscher verschiedener anderer Disziplinen, dem Grund für das hohe Alter der Bevölkerung auf die Spur zu kommen. Keine leichte Aufgabe, denn auf den ersten Blick unterscheiden sich die Blauen Zonen schon in ihrer Lage und Verteilung deutlich. Neben Okinawa zählen auch Sardinien (Italien) und Ikaria (Griechenland) dazu, aber auch eine Halbinsel Costa Ricas sowie die US-amerikanische Stadt Loma Linda. Bei genauerer Betrachtung konnten die Wissenschaftler jedoch einige Gemeinsamkeiten feststellen, die mit als Gründe für das hohe Alter gelten: Die Geografie der Blauen Zonen ist gebirgig und die Regionen sind nicht Teil der hochtechnisierten Welt, die Bewohner legen deshalb viele ihrer Wege zu Fuß zurück und betätigen sich in Landwirtschaft und Viehzucht – haben also auch im hohen Alter noch einen sehr aktiven Lebensstil und verbringen einen großen Teil ihrer Zeit im Freien. Gemeinsam ist ihnen außerdem die Ernährungsweise, die aus viel frischem Obst, Gemüse sowie Fisch und wenig tierischem Fett besteht. Das soziale Gefüge der Blauen Zonen hat sich darüber hinaus als sehr stark erwiesen, die Bewohner sind also intensiv in eine Gemeinschaft eingebunden.

Weich wie Seide

Auf Amami-Oshima wird seit Jahrhunderten nach traditionellen Verfahren ein besonderer Stoff hergestellt: Oshima Tsumugi ist eine hochwertige und sehr teure Seide, aus der auch heute noch außergewöhnliche Kimonos entstehen, die gleichzeitig weich und robust sein sollen.

Der gute Ton

Das Töpfern gehört in Naha zu den traditionellen Handwerkskünsten mit langer Geschichte. In der „Töpfergasse“ der Hauptstadt reihen sich Werkstätten aneinander, in denen man etwa der Entstehung der Shisa beiwohnen kann, die hier viele Gebäude „bewachen“. Das Fantasietier ist eine Mischung aus Löwe und Hund und erinnert an die chinesischen Wächterlöwen. Paarweise sitzen die Tonfiguren oft neben den Eingängen und sollen nicht nur die Bewohner beschützen, sondern auch Glück bringen. Erhältlich sind sie in den Töpfereien aber in allen Größen und gehören deshalb zu den beliebtesten Souvenirs von einem Aufenthalt im Inselparadies.

Wie Perlen auf einer Schnur

reihen sich die Ryūkyū-Inseln im Ostchinesischen Meer

zwischen Kyūshū und Taiwan aneinander.

熊野古道
KUMANO KODO

Kumano Kodō

AUF SIEBEN PFADEN

Auf dem südlichen Teil der japanischen Hauptinsel Honshū liegt eines der spirituellen Zentren des ganzen Landes: die Halbinsel Kii. Sie ist das Zuhause zahlreicher Kulturstätten und Tempel – und der Legende nach auch Wohnort der Götter. Deshalb befindet sich hier eine außergewöhnliche Möglichkeit, all dem auf die Spur zu kommen: Seit über 1000 Jahren gilt der Kumano Kodō als Pilgerweg, inzwischen ist er, neben dem Jakobsweg, der Wanderer durch den Südwesten Europas bis zum Grab des Apostels Jakobus in Galizien führt, der einzige seiner Art weltweit, der heute die Bezeichnung „Weltkulturerbestätte" tragen darf.

Kodō, also „alter Weg", ist dabei ein wenig irreführend, denn, wie auch im Fall des Jakobsweges, handelt es sich eigentlich um ein Netz aus mehreren Wegen, die sich ein Ziel teilen. Auf dem Kumano Kodō marschieren Pilger auf sieben Pfaden aus allen Himmelsrichtungen in den Süden der Halbinsel. Dorthin, wo sich die *Kumano Sanzan* befinden, die drei Großschreine, die seit der Heian-Zeit vom 8. Jahrhundert an als religiöse Stätte verehrt werden. Schon die Samurai wanderten einst durch die Halbinsel, die bereits in einer der ältesten erhaltenen Chroniken Japans als heiliger Ort erwähnt wird. Auch Könige, Kaiser und andere Herrscher begaben sich auf den Weg und suchten hier Zerstreuung und Erleuchtung, genauso wie Angehörige des einfachen Volkes. Alte Reiseberichte erzählen von der regen Betriebsamkeit, in einem davon wird der Weg gar als „Ameisenmarsch" bezeichnet.

Heute geht es auf dem Kumano Kodō zwar bedeutend ruhiger zu, noch immer begegnet man aber Menschen aus allen sozialen Schichten und jeden Glaubens. Denn die *Kumano Sanzan* gehören nicht zu einer einzigen Religion, sondern stellen eine Verbindung der beiden großen Glaubensrichtungen des Landes dar. Buddhismus und Shintoismus sind entlang des Weges und auch in den drei Großschreinen also gleichbedeutend: *Shinbutsu-Shūgō* heißt diese jahrhundertealte Verwandtschaft der Religionen, die hier ihre Wurzeln hat. Entlang der Wege gilt deshalb der unverrückbare Grundsatz, dass jeder Pilger willkommen ist.

VIEL NATUR – WENIG MENSCHEN

Die Vielfalt der Wanderer erklärt sich aber auch durch die Wege selbst, denn deren unterschiedliche Beschaffenheit sorgt dafür, dass sie für jedes Fitnesslevel und jedes Zeitfenster geeignet sind. Während manche von ihnen in einem schweißtreibenden Auf und Ab quer über die Gebirgszüge von Kii führen, schlängeln sich andere auf wenigen Kilometern eher gemächlich durch die Wälder. Ob zweitägige Pilgerreise oder mehrwöchige Weitwander-Tour bleibt also jedem selbst überlassen. Belohnt wird man jedenfalls mit viel Natur und wenig Mensch – zum großen Teil marschiert man durch Waldgebiete mit mal mehr und mal weniger ausschweifenden Ausblicken und Panoramen. Eine

Handvoll kleiner, verschlafener Dörfer bietet dazwischen Gelegenheiten zum Ausruhen und Stärken und auch zum Kennenlernen von authentischer Kultur und ursprünglichen Traditionen.

Übernachtet wird, wie beim Pilgern und Weitwandern üblich, in einfachen, von Einheimischen betriebenen Unterkünften entlang des Weges, die ihrer Lage eine Prise Luxus verdanken. Denn die Kii-Halbinsel ist reich an thermischer Aktivität und damit auch an heißen Quellen, die die *Onsen* mit wohltuendem Wasser speisen. In entsprechend hoher Zahl finden sich die traditionellen Badehäuser in der Region, besonders am Hauptweg *Nakahechi:* Hier kommt man am *Tsuboyu* vorbei, einem der kleinsten *Onsen* der Welt, dessen Becken nur einer sehr überschaubaren Personenmenge Platz bietet. Und nicht weit entfernt liegt mit dem *Sennin-buro* das Gegenstück, denn das „1000-Menschen-*Onsen*" befindet sich mitten in einem Fluss. Die Wahrscheinlichkeit, dass hier tatsächlich die namensgebende Menschenmenge baden will, ist trotzdem äußerst gering.

Doch auch während der Tagesmärsche, die jeder in seinem eigenen Tempo zurücklegt, gibt es ausreichend Gelegenheiten zum Pausieren: Unzählige kleine und große, prächtige und gänzlich unscheinbare Shintō-Schreine säumen den Weg und laden Vorbeikommende ein, innezuhalten, zu meditieren und den *Kami*, also Gottheiten, von denen die Natur in Kumano beseelt sein soll, nachzuspüren.

Das Ziel hat erreicht, wer sich vor einem der drei beeindruckenden Schreine wiederfindet: *Kumano Hayatama-Taisha, Kumano Hongū-Taisha* und *Kumano Nachi-Taisha* bilden die wichtigsten shintoistischen Bauwerke des Landes und sind aus spiritueller, architektonischer, historischer aber auch aus fotografischer Sicht spektakulär.

Die Heimat der Götter

Wer am **Kumano Kodō** wandert, der sieht entlang des Weges immer wieder **ungewöhnliche, aus Papier gefaltete Formen,** die an Schreinen, Bäumen oder Felsen hängen. Wie Blitze sehen die Gebilde aus und symbolisieren ganz besondere Orte: Sie markieren jene Stellen, an denen **eine Gottheit wohnen soll.**

Die dreibeinige Krähe

Das Symbol des Kumano Kodō ist die dreibeinige Krähe Yatagarasu, eine Gottheit aus dem Shintō-Glauben. Der Legende nach soll das mystische Wesen im 6. Jahrhundert vor Christus den Kaiser auf seinem Weg beschützt haben, als dieser sich auf seiner Reise durch die Kumano-Region in den Wäldern verirrte. Noch heute weist das Abbild der Krähe Pilgern den Weg und symbolisiert damit auch die göttliche Weisung.

Fußballfans dürfte das Tier ebenfalls vertraut sein, denn es ist auch auf dem Logo der japanischen Nationalmannschaft zu sehen.

Yakushima

VOM MOOSWALD ZUM FARBENMEER

Fast kreisrund ist jenes kleine Eiland, das einen der spektakulärsten Naturschätze Japans hütet: Südlich von Kyūshū, der drittgrößten Hauptinsel des Landes, liegt die Insel Yakushima, auf der sich, von Menschen beinahe unberührt, ein weltweit außergewöhnliches Ökosystem entwickelt hat. Die Landmasse im Ostchinesischen Meer ist die Heimat eines urzeitlichen Regenwaldes, der wiederum ganz besonderen Gewächsen ein ideales Zuhause bietet: Die Exemplare der Sicheltannenart *Yakusugi*, die zu den Zederngewächsen gehören und hier wachsen, sind gut und gerne 1000 Jahre alt. Manche von ihnen dürften sogar wesentlich älter sein: *Jōmon-Sugi* heißt der vermutlich älteste hier wachsende Baum, manche Experten schätzen sein Alter auf unglaubliche 7000 Jahre. Die Besonderheit der Bäume ist aber nicht nur ihr Alter und ihre dadurch stattliche Größe, sondern rührt zusätzlich von einer anderen Pflanze her, mit der die Zedern in perfekter Harmonie leben: Die Wälder von Yakushima werden oft auch als Mooswald bezeichnet, da viele der Bäume, Bodenflächen und Felsen mit leuchtend grünem Moos überwuchert sind. Und im Frühsommer verwandeln sich Teile der Insel in ein Farbenmeer: Eine weitere Pflanzenart, die sich hier besonders wohlfühlt, ist der Rhododendron, der im Juni in voller Blüte steht.

Doch Zedern, Moos und Rhododendren sind nur ein winziger Teil der beeindruckenden Flora der Insel. An die 1900 Pflanzenarten gedeihen hier insgesamt. Das liegt auch am besonderen Klima. Auf Yakushima ist der Regen ein täglicher Gast, in den Bergregionen fallen schwindelerregende 8000 mm pro Jahr, das ist etwa die zehnfache Menge des durchschnittlichen Niederschlags in der Bundesrepublik Deutschland. Gleichzeitig herrschen relativ warme Temperaturen, das Thermometer fällt auch in Kälteperioden selten unter 10 Grad Celsius und erreicht im Sommer Spitzen von über 30 Grad. So entsteht eine feuchtwarme Umgebung, in der die riesige Pflanzenvielfalt perfekte Wachstumsbedingungen vorfindet und die für die Lage auf der nördlichen Hemisphäre weltweit einzigartig ist. Schon seit über 50 Jahren gehört deshalb fast die Hälfte der Insel zum Yakushima-Nationalpark, auch ein Naturreservat und andere geschützte Areale wurden errichtet. Die Natur wird dabei weitgehend sich selbst überlassen: Nur etwa 13000 Menschen leben hier.

Im Gegensatz dazu stehen mehrere Hunderttausend Besucher, die jedes Jahr herbeiströmen, um die außergewöhnliche Natur hautnah zu erleben: Eine ganze Reihe von Wanderwegen schlängelt sich, vorbei an gewaltigen Wasserfällen, durch den Urwald, mitunter führen die Pfade auch schnurstracks durch die gewaltigen Stämme der riesigen Zedern.

Von der höchsten Erhebung,
dem **Mount Miyanoura,**
blickt man aus **1936 Metern**
in eine grüne Welt.

ATEMBERAUBENDE AUSSICHTEN

Und auch die Fauna hält einige besondere Exemplare bereit: In den Wäldern leben neben Makaken-Affen auch Yaku-Hirsche. Die ursprünglich aus Ostasien stammende Wildart hat hier ein Refugium gefunden, denn trotz ihrer hohen Anpassungsfähigkeit gehört sie außerhalb von Yakushima zu den bedrohten Spezies. In dessen Wäldern aber fühlen sich die kleinen Hirsche sehr wohl, die Bestände sind auch dank des rigorosen Schutzes seit vielen Jahren stabil.

Dieser Schutz wird durch die Geografie der Insel ein wenig erleichtert, denn das Terrain ist gebirgig und mitunter kaum zugänglich. Das zentrale Okudake-Gebirge setzt sich aus rund 45 Gipfeln mit 1000 bis 2000 Meter Höhe zusammen. Nur manche von ihnen sind für Wanderer erklimmbar und bieten atemberaubende Aussichten: Von der höchsten Erhebung, dem Mount Miyanoura blickt man aus 1936 Metern in eine grüne Welt.

Die wachsende Insel

Yakushima ist eine kleine Insel, doch sie wird immer größer. Wie auch das übrige Japan liegt sie auf vulkanischem Gebiet, die Erde ist auch heute noch äußerst aktiv und schiebt beständig Gestein zutage: Alle 1000 Jahre kommt so ein Meter an Höhe dazu.

Über Japans Grenzen hinaus mag Yakushima für seine Wälder und Gebirgszüge bekannt sein, auch im Tal ist die grüne Insel aber Schauplatz mehrerer beeindruckender Naturspektakel. Unter anderem beherbergt sie auch ein Hochmoor, eine ganze Reihe von Wasserfällen in unterschiedlicher Höhe sowie mehrere heiße Quellen, die Besucher in *Onsen* genießen können.

Im Sommer erwachen dann die Küsten zu ganz besonderem Leben, wenn sie zur Brutstätte verschiedener Meeresschildkrötenarten werden. Die Muttertiere legen ihre Eier im Sand ab, kurze Zeit später machen sich die frisch geschlüpften Jungen auf den Weg in den Ozean. Auch in diesem Fall wird größter Wert darauf gelegt, die seltenen Tiere unbehelligt zu lassen – die malerischen Strände der Insel, die im Rest des Jahres gern auch zum Sonnenbaden, Schwimmen und als Startpunkt für Kajakfahrer und Taucher genutzt werden, sind während der Brutzeit der Amphibien von Mai bis August nachts gesperrt, tagsüber dürfen sie im selben Zeitraum nur in Begleitung erfahrener Guides betreten werden, die sicherstellen, dass die Krabbelstube nicht gestört wird.

Doch das Nationalparkareal erstreckt sich noch weiter: Im Südwesten der Insel reicht es bis unter die Wasseroberfläche, wo sich zwischen den Korallenriffen nicht nur die Meeresschildkröten, sondernd auch zahlreiche andere Wasserbewohner tummeln.

Prinzessin Mononoke

In den späten 1990er-Jahren erlangte der Animationsfilm Prinzessin Mononoke, im Original *Mononoke Hime,* des Autors, Zeichners und Produzenten Hayao Miyazaki Weltruhm – in seinem Heimatland gehört er überhaupt zu den erfolgreichsten Filmen aller Zeiten. Die Geschichte, die zwischen Märchen, Science-Fiction und Mystik angesiedelt ist, thematisiert die Ausbeutung des Planeten durch seine menschlichen Bewohner genauso wie die Frage, ob und in welcher Form Mensch und Natur miteinander koexistieren können. Schauplatz der Handlung ist ein riesiger, undurchdringlicher Wald, in dem Pflanzen und Tiere von zahlreichen Geistern und Göttern beseelt sind. Als Vorbild und Inspirationsquelle für dessen vielfach preisgekrönte Darstellung dienten Miyazaki die Wälder von Yakushima.

Kamikōchi

Über eine Länge von gerade einmal 18 Kilometern gräbt sich im Herzen der japanischen Hauptinsel Honshū ein Tal durch die Landschaft, das eines der am besten gehüteten (Natur-)Geheimnisse des Landes sein dürfte: Auf 1500 Meter Seehöhe liegt das Kamikōchi-Tal in der Präfektur Nagano inmitten des Hida-Gebirges, das den nördlichen Teil der Japanischen Alpen bildet. Seine Gipfel erreichen Höhen von über 3000 Metern und sind bei wanderfreudigen Einheimischen beliebt. Außerhalb des Landes kennt die Region, die Teil des Chūbu-Sangaku Nationalparks ist, aber fast niemand.

Der aktive Vulkan *Yake-dake* heißt übersetzt *„brennender Berg"*.

TÜRKISBLAUE LEBENSADER

Die Lebensader des Tales ist der Fluss Azusa, der vor allem für seine fast unwirklich intensive türkisblaue Färbung berühmt ist und tief im Inneren des Berges *Yariga-take* entspringt. Benannt wurde er einst nach dem besonderen Azusa-Holz, das von der indigenen Bevölkerung des Landes gern für den Bau von Pfeil und Bogen genutzt wurde, da es besonders stark und gleichzeitig flexibel ist. Lebenswichtig für das Tal und auch die weitere Umgebung ist der Fluss gleich auf mehrfache Art: Er dient als Anziehungspunkt und Fotomotiv für Touristen, sorgt aber vor allem in Wasserkraftwerken außerhalb des Nationalparks für Strom. Rund um die

nahe gelegene Stadt Matsumoto werden seine Abflüsse außerdem für die Bewässerung von Reisfeldern genutzt. Im Kamikōchi-Tal bildet er auch einen symbolischen und praktischen Eingang: Die *Kappabashi-Brücke*, die hier über den Fluss führt, ist das Wahrzeichen der Region und fungiert als Tor in das Tal. Denn dass dieses trotz seiner Lage im Zentrum des dicht besiedelten Landes ein Ort der Ursprünglichkeit und Stille geblieben ist, liegt auch an seiner schwierigen Erreichbarkeit und dem Fehlen nennenswerter Infrastruktur: Privatfahrzeuge sind verboten, lediglich ein Bus führt Neugierige hierher. Der Ausstieg an der Haltestelle unweit der *Kappabashi-Brücke* ist damit die einzige Möglichkeit, in das Tal einzutauchen. Besuchern wird deshalb geraten, sich schon vor der Busfahrt mit Lebensmitteln einzudecken. Denn mit Ausnahme einiger weniger kleiner Verkaufsstände gehört die Natur des Tales auch im Jahr 2024 zum größten Teil sich selbst – die Nationalpark-Verwaltung hat das gesamte Gebiet und mit ihm auch seine vielen tierischen Bewohner unter strengen Schutz gestellt.

DURCH DIE JAPANISCHEN ALPEN

Von der *Kappabashi-Brücke* aus erstreckt sich ein kleines Netz an Wanderwegen durch das Tal. Manche von ihnen führen zu ebener Erde am Azusa entlang, andere winden sich durch die grünen Wälder, die ihren üppigen Wuchs der Tatsache verdanken, dass auch hier wie in vielen anderen Regionen des Landes mit besonderen Naturschätzen ein sehr feuchtes und dabei recht warmes Klima herrscht, das den zahlreichen Pflanzen ideale Wachstumsbedingungen ermöglicht. Trotzdem sind die Winter schon aufgrund der Höhenlage streng und von Eis und Schnee beherrscht, in den Monaten von November bis März ist das Tal für Besucher deshalb gesperrt. Die meisten von ihnen kommen aber ohnehin zu anderen Zeiten: Im Sommer bietet die Höhe eine verhältnismäßig kühle Alternative zur Hitze der großen Städte des Landes, und vor allem an sonnigen Herbstwochenenden wird das Tal von Einheimischen gestürmt. Denn auf den Hängen und entlang des Flusses wachsen vorrangig Laubbäume, deren Färbung die Landschaft im Oktober in eine bunte Oase verwandelt.

Erfahrene Wanderer begeben sich dagegen auf einen der Pfade, die in die Gebirge der Japanischen Alpen führen. Eines der eindrucksvollsten und beliebtesten unter ihnen ist der *Yake-dake*. Der aktive Vulkan mit dem bezeichnenden Namen – übersetzt heißt er „brennender Berg“ – gehört mit seinen knapp 2500 Metern Höhe zwar nicht zu den mächtigsten Erhebungen der Gegend, bietet aber spektakuläre Aussichten auf das Tal und weit darüber hinaus. Der letzte Ausbruch ist zwar schon einige Jahrzehnte her, einst spuckte der Vulkan aber in regelmäßigen Abständen immer wieder Asche und Lava in die Landschaft und formte sie so mit: Bei einem Ausbruch 1915 wurden Teile des Azusa durch herabfallendes Gestein gestaut, so entstanden mehrere Teiche und kleine Seen im Kamikōchi-Tal, die heute ebenfalls beliebtes Ziel bei Wanderern sind. Denn ihre Oberflächen sind dank ihrer geschützten Lagen meist spiegelglatt und zeigen die Reflektionen der großen Gipfel der Umgebung in beeindruckender Schärfe.

KAMIKŌCHI IN DER LITERATUR

Seine Beliebtheit innerhalb des Landes verdankt das Tal auch historischen Erzählungen und Reisebeschreibungen, die schon vor fast 200 Jahren von seiner Schönheit erzählten: Der buddhistische Mönch Banryū soll als einer der ersten Menschen überhaupt einige der Gipfel erklommen haben, damals noch weniger im Sinne der sportlichen Betätigung als vielmehr aus spirituellen und meditativen Gründen. Einige Jahrzehnte später verfasste der britische anglikanische Missionar Walter Weston die ersten Reiseberichte. Er besuchte um die Wende zum 20. Jahrhundert mehrere japanische Bergregionen, davor hatte er bereits einige europäische Gipfel wie das berüchtigte Matterhorn bezwungen. Weston soll so angetan von der Schönheit der japanischen Gebirgslandschaft gewesen sein, dass er als Begründer des Begriffes „Japanische Alpen" und als Vater des Bergsteigens im Land der aufgehenden Sonne gilt. Sein Buch über die Besteigung der Japanischen Alpen wurde zu einem Bestseller und der Ort des Geschehens Anziehungspunkt für Sport- und Naturbegeisterte.

In den 1920er-Jahren bestieg auch der berühmte Dichter Akutagawa Ryūnosuke die Berge rund um Kamikōchi und schrieb seine Erlebnisse in seinem Buch *Kappa* nieder. Das soll sogar dazu geführt haben, dass sich die Anzahl der Besucher der Region im Jahr nach der Erscheinung des Buches verdoppelte.

Unter Schutz: die Serau

Im Tal von Kamikōchi lebt eine Vielzahl seltener und endemischer Arten. Eine davon ist der Serau, eine Säugetierart, die heute zu den Naturdenkmälern des Landes gehört. Optisch erinnern die Tiere mit den kurzen, nach hinten gebogenen Hörnern an Ziegen oder Antilopen mit langem Fell, sie gelten als neugierig, aber sehr scheu und wurden im 20. Jahrhundert im Land so intensiv bejagt, dass sie schon in den 1950er-Jahren kurz vor der Ausrottung standen. Heute haben sich ihre Bestände in den geschützten Gebieten zwar erholt, einem Serau in freier Wildbahn zu begegnen, gilt aber trotzdem als Naturerlebnis der besonderen und sehr seltenen Art – und damit als großes Glück.

Die Färbung der Laubbäume

entlang des Flusses und an den Hängen verwandelt

die Landschaft im Oktober in eine bunte Oase.

Register

Impressum

Die in diesem Buch gewählten geschlechtlichen Formen beziehen sich immer zugleich auf weibliche, männliche und diverse Personen, denn natürlich sollen unsere Bücher allen Menschen Freude bringen. Wir haben bewusst zwischen der weiblichen, männlichen und einer offenen Schreibweise abgewechselt, um diese Herzensangelegenheit zu unterstreichen.

Cover und Umschlag: marukopum / Shutterstock.com, Ohara Koson / rawpixel

Innenteil: Getty Images: S. 3: Witthaya Prasongsin, S. 4-7: Anish Adhikari / 500px; S. 17, 25, 54, 92, 93: rusm; S. 18, 19: SasinT Gallery; S. 20: LITTLE DINOSAUR; S. 21: NomadicImagery; S. 23: Taiyou Nomachi; S. 29: MIXA; S. 33: Aksana Ban, Makiko Tanigawa; S. 34: imageBROKER/Moritz Wolf; S. 40, 59, 73, 79, 127, 168, 174, 182: Katsumi Murouchi; S. 43: Koji Hanabuchi; S. 47: Ippei Naoi; S. 49: 49: Natasha Breen, Stefan Tomic, FreshSplash, Westend61; S. 63: jun xu; S. 71, 75: Michael H; S. 76, 81: Francesco Riccardo Iacomino; S. 94: BernardAllum; S. 113: Jun Takahashi; S. 123: imegastocker; S. 134, 153, 186, 187, 192, 200, 206: rusm; S. 135: okimo; S. 137: sot; S. 139: kampee patisena; S. 141: Annapurna Mellor, S. 148: Dear Blue; S. 151: HANSODE; S. 165: SAND555; S. 176: Ippei Naoi; S. 178: koichi; S. 189: Sean Pavone; S. 190: Toshihiro Nakajima; S. 193: Ken Usami; S. 198: Taka Mountain Gallery; S. 203: Poca Wander; S. 205: TravelCouples; www.shutterstock.com: S. 9: Evgeny Karandaev; S. 10-12, 14, 40, 45, 47, 48, 50, 51, 56, 70, 84, 95, 97, 101, 103, 107, 108, 117, 126, 138, 142, 145, 148-150, 153, 154, 158, 164, 172, 173, 175, 179, 181, 183, 187, 192, 199, 200: marukopum; S. 15: ImmortaleCstudio; S. 30: ploypemuk; S. 33: Lecker Studio, sasazawa; S. 38: TWINS DESIGN STUDIO, S. 53: Toa55, S. 57: Tanawat Chantradilokrat; S. 67, 68: NB-Art-NB; S. 79: Babich Alexander; S. 82: GRACIELLADEMONNE; S. 85: Galakam; S. 86: Marco Montalti; S. 89: PicksArt; S. 90, 92: Alfmaler; S. 93: tofang; S. 100, 101: PeopleImages.com - Yuri A; S. 102: tristan tan; S. 105: beeboys; S. 106: Jan von nebenan; S. 109: Varts; S. 111: ko won sang; S. 114, 118, 119: Master1305; S. 121: cubm; S. 124: Benoist; S. 125: Sann von Mai; S. 129: Dpongvit; S. 130, 131: west_photo; S. 133: tsuchi; S. 144: Juri Pozzi; S. 147: tiffgraphic; S. 152: Anna_Kim; S. 155: ju_see; S. 159: Tooykrub; S. 161: Dirk Ercken; S. 163: tungtopgun; S. 180, 181: aindigo; S. 183: Yoshihiro Miyagi; S. 184: dreamsky; S. 186: 365 Focus Photography; S. 195: Sara Winter; S. 196: Eric Deveaux; S. 201: oNabby; Unsplash: S. 11, 26: Annie Spratt; S. 22, 23, 31, 32, 34, 35, 48, 76, 77, 114, 115, 118, 172, 173, 180: kiwihug; S. 36: Redd F: S. 39: Zhuo Cheng You; S. 44: Oriento Gy; S. 61: Danis Lou; S. 64: Hung Pham; S. 91: Tabitha Turner; S. 138: Denys Nevozhai; S. 140,141: Masahiro Miyagi; S. 143: Jose Hernandez Uribe; S. 157: Susann Schuster; S. 166: Chantal Lim; S. 169: Hanna Eberhard; S. 171: Andre Benz

Foodfotos Frauke Antholz: S. 13, 16, 24, 27, 41, 55

Text: Caroline Metzger
Gestaltung Cover: Jefferson & Högerle
Innenteil: Jefferson & Högerle

ISBN 978-3-8458- 6024-4

www.arsedition.de

FSC www.fsc.org MIX Papier | Fördert gute Waldnutzung FSC® C002795